사장님!
절세?
어렵지 않아요

사장님!
절세?
어렵지
않아요

증빙을 잘
하는 것이
절세다

최용규

지음

'**세무**'란 단어가 주는 무게감이 있습니다. 무게감은 신뢰도 주지만, 어렵게 보인다는 치명적인 단점이 있습니다. 저의 첫 책 '2시간에 끝나는 부가가치세 셀프신고'도 무게감을 줄이기 위해 부단히도 노력을 했습니다.

이 책 또한 집필할 때 가능한 쉽게 설명하려는 데에 목적을 두었고 질문과 답변의 형식으로 구성하였습니다. 자신 있게 말하지만 시중에 나와 있는 세무관련 책 중에서는 가장 쉽게 이해가 될 것입니다.

세무하면 복잡한 숫자가 떠오릅니다. 미리 밝히지만 어려운 수학이 아니고 단순한 산수 계산일뿐이므로 어렵게 생각하지 않아도 됩니다. 덧셈, 뺄셈, 곱셈, 나눗셈, 분수, %의 개념 정도만 있으면 전혀 문제가 되지 않습니다. 일상속의 사례를 통하여 개인사업자의 절세는 어려운 것이 아님을 설명하였고 절세의 시작은 세무대리인을 고용함이 아니라 사장님이 세무 공부를 하는 순간 시작이 된다는 것을 설명하였습니다.

돈을 벌어야 세금도 발생합니다. 세금에 대한 고민을 하기 보다는 돈을 벌기 위한 고민이 우선시 됩니다. 그럼 세금에 대한 고민은 하지 않아도 될까요?

주위에선 그럽니다.
'그냥 전문가에게 맡겨'
단순히 맡긴다고 될까요?

회계사무실을 찾아가도 얼굴을 보기가 힘든 세무사, 전화 통화도 힘들고 우리 업체를 담당하는 직원과만 통화를 하는 것이 현실입니다. 그 직원은 언제나 자료만을 요구합니다. 무슨 자료를 어떤 방식으로 챙겨야 한다는 자세한 설명도 없습니다. 간혹 설명을 해도 전문가들의 언어이니 알아듣기도 힘이 듭니다. 과연 그들이 알아서 잘 해주는지 확인을 할 방법도 없습니다.

그러던 어느 날, 세금 폭탄을 맞습니다.
'어라, 난 전문가에게 분명히 맡겼는데'

그들은 책임지지 않습니다. 왜냐하면 세금에 대한 최종 책임은 언제나 납세자 본인에게 있기 때문입니다.

세무대리인을 고용하더라도 세금의 종류, 증빙의 제출 방법, 세금의 계산 방법, 각종 공제의 방법 등은 숙지를 해야 합니다. 꼭 알아야 할 부분만 알면 됩니다. 회계사 시험을 보는 것이 아니기에 그렇게 어렵지도 않습니다. 공부를 해야 하는 이유는 알았는데 막상 서점에서 세무관련 책을 보면 어렵습니다. 이유는 전문가의 언어이고 전문가의 표현이기 때문에 그렇습니다.

누가 좀 쉽게 설명해 줄 사람 없나요?

'사장님, 절세? 어렵지 않아요.' 는 이러한 이유로 집필을 하였습니다. 절대 어렵지 않습니다. 세무대리인에게 맡기더라도 그들이 제대로 일을 처리하는지에 대한 확인 정도는 필요합니다. 딱 그 정도만 알면 됩니다.

세금은 아는 만큼 줄어듭니다. 전문가에게 맡긴다고 줄어드는 것이 아닙니다.

딱 2번만 읽어보세요. '무엇을 어떻게 해야 할지.' 감이 올 것입니다. 그리고 절세하는 당신을 발견할 것입니다. 사장님의 절세를 응원합니다.

– 택스 코디 **최 용 규**

목차

··· **Contents**

PART 4 ━━━━━━━━━━━━━━━━━━━━━━━━━━━━━━━━━━━━━ **145**

알고 부리는 세무대리인 사용법

··· **Contents**

사 장 님 !

절   세 ?

어렵지않아요

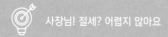 **사장님! 절세? 어렵지 않아요**

앞으로 남고 뒤로 까진다
돈은 잘 쓰는 것이 버는 것입니다
매출이 비슷하여도 나오는 세금은 각자 다릅니다
적격증빙? 소명용 증빙?
가사 경비, 가공 경비도 경비처리가 되나요?
흥정을 해 보세요

증빙이
절세다

1

앞으로 남고 뒤로 까진다

장사는 그럭저럭 되는 것 같은데, 왜 수익은 별로 없지?

분명 버는 돈에 비례하여 세금도 발생이 될 건데 왜 세금이 항상 부담이 되지?

자영업자의 세금은 크게 부가가치세 신고와 종합소득세 신고 두 가지로 나뉩니다. 부가가치세 신고는 적격증빙이 되어야 매입 세액공제가 가능하고 종합소득세신고는 사업에 관련된 지출은 필요경비로 인정을 받습니다.

그런데 많은 사장님들이 적격증빙이란 용어도 모른 체 지출을 합니다. 그러니 분명 사업과 관련된 지출임에도 부가가치세 매입세액 공제를 못 받는 경우가 허다합니다.

이런 경우도 많습니다. 전문가를 너무 신뢰한다는 것입니다. '나는 세무대리인을 고용 중이니 그들이 알아서 절세를 해 주겠지' 라고 믿는 것입니다. 세무대리인을 고용 중이더라도 애초의 증빙자료는 사업자 본인이 챙겨야 합니다. 때문에 세무대리인의 고용여부와는 상관없이 적격 증빙이라는 용어는 완벽히 이해하고 그에 맞는 지출을 해야 합니다.

그래야 앞으로 남고 뒤로 까지지 않습니다.

이제부터 올바른 지출에 대하여 하나하나 풀어가겠습니다.

절세는 올바른 지출에서 시작합니다. 사업상 거래를 할 때 주고받는 영수증에는 세금계산서, 계산서, 간이영수증, 신용카드매출전표, 현금영수증 등이 있습니다. 이 중 세금계산서, 계산서, 신용카드매출전표, 현금영수증을 적격영수증이라고 하여 간이영수증과는 구별이 됩니다.

세금계산서란 사업자가 재화나 용역을 공급할 때 부가가치세를 거래 징수하고 이를 증명하기 위하여 공급 받는 자에게 교부하는 증빙서류입니다. 세금계산서 발행은 사업자등록을 한 일반과세자가 합니다. 간이과세자는 세금계산서를 발행할 수 없습니다. 사업자 간의 거래에서는 세금계산서를 주고받는 것이 원칙입니다. 세금계산서의 필수 기재사항은 공급하는 사업자의 등록번호와 성명 또는 명칭, 공급받는 자의 등록번호, 공급가액과 부가가치세액, 작성 연, 월, 일 입니다.

간이영수증은 공급 받는자의 등록번호와 부가가치세액을 별도로 기록하지 않는 증빙서류를 말합니다. 간이영수증에는 공급 받는자의 인적사항이 없으므로 적격증빙이 아니기에 부가가치세 매입세액공제는 불가능합니다.

2008년부터 3만 원이 넘는 거래에 대해서는 원칙적으로 세금계산서나 신용카드매출전표를 받게 되어 있습니다. 3만 원이 넘어가면 증빙불비가산세 2%를 추가하여 종합소득세 신고 시 필요경비 처리가 가능합니다.

 초보 사장님

1억 원인 기계 구입을 위해 1천만 원의 계약금을 지불하였습니다. 세금계산서는 언제 받을 수 있나요?

 택스 코디

계약을 체결하면서 계약금 1,000만 원을 주었더라도 세법 상 원칙적인 세금계산서 공급 시기는 그 기계를 인도한 날이 됩니다. 그러므로 기계를 인도 받은 날을 기준으로 1억 원 전체에 대한 세금계산서를 받으면 됩니다.

세금계산서 발급 기준이 되는 공급 시기는 아래와 같습니다.

세법에서는 재화의 공급 시기를 원칙적으로 재화의 이동이 필요한 경우에는 그 재화가 인도되는 때이고, 재화의 이동이 필요하지 않은 경우에는 그 재화가 이용 가능하게 되는 때이며, 이러한 기준을 적용할 수 없는 경우에는 그 재화의 공급이 확정되는 때로 한다고 명시되어 있습니다.

🗨️ 초보 사장님

물건을 지급하고 대금 결제를 받지 못하였습니다. 세금계산서를 발행해야 하나요?

💡 택스 코디

대금 결제와 상관없이 물건을 인도한 날을 기준으로 세금계산서를 발급해야 합니다.

① 증빙이 절세다

전자세금계산서 제도는 2010년 도입하여 2011년부터 법인사업자들에게 발급의 의무가 생겼습니다.

그리고 2012년부터 전년도 매출액 10억 원 이상 개인사업자에게 확대되었으며 2014년부터 3억 원 이상으로 확대되었습니다.

과세사업과 면세사업을 함께 하는 겸업사업자 일 경우에는 과세 공급가액이 3억 원 미만이라도 과세 공급가액과 면세분 수입금액의 함계액이 10억 원 이상이라면 의무적으로 발행을 하여야 합니다.

전자세금계산서 발행의무가 있는 사업자가 이를 이행하지 않을 경우에는 '발급하지 않은 공급가액의 2/100에 해당하는 금액을 세금계산서 미발급 가산세' 로 부담해야 합니다.

돈은 잘 쓰는 것이 버는 것입니다

개인사업자의 세금은 크게 부가가치세와 종합소득세로 나눕니다.

부가가치세와 종합소득세의 계산 공식을 최대한 쉽게 풀이하면 '번 돈에서 벌기 위해 쓴 돈을 빼는 구조'입니다. 번 돈, 즉 매출은 이미 투명화 되었습니다. 저 역시 천 원짜리 아메리카노를 한 잔 사는데도 신용카드를 씁니다. 현금을 가지고 다닐 필요가 없는 시대가 되어버렸기 때문입니다. 이미 매출은 드러나 있기에 매출로서 절세를 하는 것은 어렵습니다.

그렇다면 절세는 벌기 위해 쓴 돈, 즉 매입을 할 때 이루어져야 합니다.

'적격증빙(법적지출증빙)'이면 부가가치세 매입세액공제가 가능하고 종합소득세 필요경비 처리 또한 가능합니다. '소명용 증빙'이면 부가가치세 매입세액공제는 불가능하고, 종합소득세 필요경비 처

1 증빙이 절세다

리만 가능합니다. 이도 저도 아니면? 둘 다 불가능합니다.

개인사업자가 세금을 절세하는 방법은 매입을 할 때 가능한 적격증빙의 형태로 매입을 하는 것이 이상적입니다. 그렇지 않은 경우라면 소명용 증빙이라도 남겨 두어야만 합니다. 그러나 현실은 '적격증빙이 무엇인지? 소명용 증빙이 무엇인지?' 도 모르는 개인사업자가 다수 입니다.

난 세무대리인을 고용 중이니 그딴 건 몰라도 된다? 아닙니다. 세무대리인은 대리 신고만 할 뿐입니다. 애초에 관련 증빙을 제출하는 것은 사장님의 몫입니다. '돈을 잘 쓰자, 매입을 잘 하자.' 분명 사업에 관련한 지출인데, 이도저도 아니라서 세금 처리가 불가능하다면 그것은 고스란히 사장님의 세금으로 나옵니다.

난 세무사를 쓰는데도 왜 세금이 많이 나오지?
세무사를 탓할 것이 아닙니다. 평소 매입을 할 때 이도저도 아니게 처리하지 않았나요?
앞으로 남고 뒤로 까지지 않으려면 세무공부를 해야만 합니다. 증빙에 대해서만 알아도 많은 세금을 아낄 수 가 있습니다. 그것이 절세입니다. 돈은 '잘 쓰는 것이 버는 것' 입니다.

초보 사장님

증빙이란 단어가 생소합니다. 증빙이란 무엇을 말하는 것인가요?

택스 코디

증빙이란 증거를 말합니다. 그러니 증빙서류란 증거서류를 말하는 것입니다. 대표적인 증빙으로 가게에서 물건을 살 때 받는 영수증, 신용카드매출전표, 세금계산서 등이 있습니다.

증빙이 필요한 이유는 돈이 실제로 지출되었는가를 확인하기 위해서 입니다. 사업에 관련한 모든 거래에 대해서는 항상 증빙을 갖추어야 합니다. 만약 증빙을 갖추지 않았다면 거래 사실을 인정해주지 않게 됩니다. 따라서 사업에 관련한 물품을 구입 하였는데 아무런 증빙을 받지 않았다면 당연히 비용처리가 되지 않기에 사업자의 세금은 올라가는 것입니다.

세무상 비용으로 인정하는 증빙은 크게 두 가지로 나눕니다.

하나는 적격증빙(법적지출증빙), 다른 하나는 소명용 증빙입니다. 이러한 증빙은 신고기한이 지난날부터 5년간 보관하여야 할 의무도 있습니다. (법인세법 제116조) 지출이 실제로 발생한 시점이 아니라, 신고기한으로부터 5년입니다.

예를 들면 개인사업자의 경우 2017년 동안 발생한 지출에 대하여 2018년 5월 말일까지 종합소득세 신고를 해야 하므로 2017년 지출된 증빙은 2023년 5월 말일까지 보관해야 할 의무가 있습니다.

 초보 사장님

식당을 운영 중입니다. 비품을 구입하고 사업자명의의 신용카드로 결제를 하였습니다. 그런데 신용카드 영수증을 분실하였습니다. 괜찮나요?

 택스 코디

네, 괜찮습니다. 원칙은 사업자의 모든 거래에 관한 영수증 원본을 거래사실이 속하는 과세기간에 대한 해당 국세의 신고기한이 경과된 날 부터 5년간 보관하여야 할 의무가 있습니다. 세법 시행령 제158조 제4항에 의하여 신용카드사에서 매월 청구하는 월별이용대금명세서 또는 신용카드사의 홈페이지 내에서 거래 정보가 확인이 가능하면 신용카드 영수증을 보관하는 것과 동일하게 인정합니다. 신용카드 영수증이 있다고 하더라도 무엇을 구입하였는지 세부 내역은 확인이 불가능하므로 매입 장부를 통해 기록, 관리하는 것이 혹시 모를 추후 소명요청에 도움이 됩니다.

매출이 비슷하여도
나오는 세금은 각각 다릅니다

인터넷 커뮤니티 공간에 이런 글이 심심찮게 올라옵니다.

'제가 운영하는 사업장의 매출이 2억 정도 되는데, 고용한 세무대리인이 종합소득세가 천 만 원 정도 나온다고 그럽니다. 정말 그럴까요?'

평소 저는 제가 가입하고 활동하는 인터넷카페에 세무관련 질문 글이 올라오면, 댓글로 답을 달아드립니다. 이 질문에는 답을 달지 못하는 오류가 있습니다. 질문자가 세무 상식이 전혀 없기에 나오는 흔한 질문 유형입니다. 자주 강조하게 될 내용 중 하나인 개인사업자의 세금의 구조는 번 돈에서 벌기위해 쓴 돈을 차감하는 방식입니다.

위 질문에는 번 돈은 나와 있는데 벌기 위해 쓴 돈에 대한 언급이 없습니다. 그러니 제가 답을 달아 줄 수가 없습니다. 개인사업자의 세금인 부가가치세, 종합소득세 모두 번 돈에서 벌기 위해 쓴 돈을 차감하는 방식입니다.

그런데. 그 질문 글에 누군가의 댓글이 달립니다.

'저도 매출이 그 정도 되는데 종합소득세가 800만 원 정도 나왔어요. 그 정도 생각하면 될 것이에요.' 그러면 원래 글을 썼던 질문자가 '아. 그런가요. 감사합니다.' 이런 식으로 질문과 답변이 마무리가 되는 것을 종종 목격합니다. 기본적으로 세무 상식이 없는 질문자가 질문 자체를 잘못하였고 역시 세무 상식이 없는 답변자가 답을 달수 없는 질문에 과거 본인의 사례에 의거한 답을 달았고 원 질문자는 그게 답인 줄 알고 마무리되는 굉장히 어이없는 경우가 제법 자주 보입니다.

벌기 위해 쓴 돈은 제 각각 다릅니다. 매출이 비슷하다는 이유로 세금 또한 비슷하게 나오진 않습니다.

매출은 크게 두 가지로 구분됩니다.
하나는 드러난 매출, 또 다른 하나는 숨겨진 매출 입니다.

드러난 매출은 신용카드 매출, 현금영수증을 발행한 매출, 세금계산서를 발급한 매출, 배달 어플을 통한 매출, 인터넷 중간 판매업자(네이버쇼핑, 11번가, 쿠팡 등)를 통한 매출 등이 해당됩니다.

숨겨진 매출은 현금을 받은 후 현금영수증을 발행하지 않은 매출을 말합니다.

드러난 매출을 축소 신고한 경우에는 100% 세무조사가 나옵니다.
부가가치세 신고 시 드러난 매출이 누락되었는가의 확인은 필수 입니다.

적격증빙? 소명용 증빙?

적격증빙(법적지출증빙)이라 함은 사업에 관련된 지출을 '세금계산서, 사업자명의의 신용카드, 사업자번호로 끊은 현금영수증, 면세사업자가 발행한 계산서'의 형태로 발급받았을 경우를 말합니다. 소명용 증빙(사적지출 증빙)이라 함은 국세청에서 소명 요청이 들어왔을 경우 이를 소명하기 위한 증빙을 말합니다. 상대사업자로의 계좌이체, 간이영수증, 견적서, 계약서 등도 소명용 증빙의 형태입니다.

부가가치세 매입세액공제는 적격증빙일 경우에만 가능하고 종합소득세 필요경비처리는 소명용 증빙이더라도 가능합니다.

적격증빙 일 경우는 당연히 부가가치세 매입세액 공제가 가능하고, 종합소득세 필요경비 처리도 가능합니다.

예를 들어 식당을 운영하는 최사장님이 냉동고를 현금을 주고 세금계산서를 발급받았다면 이는 누가 봐도 명백한 사업용 지출이고 지급받은 형태 또한 세금계산서이니 적격증빙에 해당됩니다. 당연히 부가가치세 매입세액공제는 물론 종합소득세 필요경비처리가 가능합니다.

문제는 소명용 증빙일 경우입니다. 위의 사례에 최사장님이 냉동고를 구입하는 방식이 본인이 신용불량자이라서 아내 명의 신용카드로 결제를 하였을 경우에는 조금 문제가 발생합니다. 누가 보아도 사업용 지출임에는 틀림없습니다. 냉동고를 가정에서 구입하는 경우는 흔하지 않으니까요. 본인의 신용카드를 사용하였다면 아무런 문제가 되지 않으나, 배우자의 신용카드를 사용하였기에 세무서에서는 소명 요청을 할 수도 있습니다. 소명용 증빙을 할 경우가 생겼다면 증빙에 조금 더 신경을 써야합니다. 당연히 배우자명의의 신용카드 전표와 냉동고를 설치하는 사진(날짜가 나와 있으면 더 좋음) 등을 첨부하여 매입장부에 붙여 놓으면 좋을 듯합니다. 소명용 증빙으로 부가가치세 매입세액공제를 받는 경우라면 조금 더 증빙에 신경을 써야 합니다. 최소 두 가지 이상의 증빙을 만들어 놓으세요.

초보 사장님

사업에 관련한 지출 + 그에 맞는 형태'가 중요하다는 얘기지요? 둘 중 어느 것이 우선하나요?

 택스 코디

사업자가 물품을 구입하고 계좌이체를 하였으면 거래를 증명할 수 있는 객관적 자료이기는 하나 세법에서는 입금 내역만으로 증빙을 인정하지 않습니다. 소명용 증빙은 거래를 증명할 수 있는 증빙이 많으면 많을수록 좋습니다. 질문의 경우라면 거래를 입증할 수 있는 거래내역서, 사업자가 영세사업장이라면 상대 사업자번호가 표시되어 있는 간이영수증 등의 추가 증빙이 있다면 필요경비 처리를 하여도 무방합니다. 단순히 계좌이체 내역만으로는 필요경비 처리가 불가능합니다.

① 증빙이 절세다

사업용 계좌	사업과 관련하여 거래대금을 금융기관을 통하여 지급하거나 지급 받을 때 사업용과 비사업용으로 분리하여 사업 관련 금융거래는 신고 된 사업용 계좌를 사용하는 제도
사업용 계좌 신고대상 사업자	· 개인사업자 중 복식부기 의무자 · 전문직 사업자(변호사업, 변리사업, 법무사업, 세무사업, 공인회계사업,건축사업,수의사업 등)
사업용 계좌 신고 기한	· 복식부기 의무자는 복식부기 의무자에 해당하는 과세기간의 개시일 부터 5개월 이내. · 사업개시와 동시에 복식부기 의무자에 해당하는 전문자격사 등의 경우에는 다음 과세기간 개시일 부터 5개월 이내.
사업용 계좌 미사용 미개설 가산세	· 사업용 계좌를 사용하지 않은 경우 　사용하지 아니한 금액의 2/1000 · 사업용 계좌를 개설, 신고하지 않은 경우 　신고하지 아니한 기간의 수입금액의 2/1000
사업용 계좌 신고 방법	· 서면신고 · 홈택스 신고 (신청/ 제출란의 사업용 계좌 개설 관리)

흔히들 사업을 시작하자마자, 사업자 카드를 만들고 사업자 통장을 개설하는 것이 당연시 되어있는데 나쁠 건 없지만, 우선순위는 증빙에 관한 공부입니다.

가사 경비, 가공 경비도
경비처리가 되나요?

ⅢⅢ 가사 경비, 가공 경비도 경비처리가 되나요?

벌기 위해 쓴 돈(매입)은 철저히 사업과 연관성이 있어야 비용으로 인정하여 줍니다.

세법에서는 개인적인 지출을 가사경비라 하고 생기지도 않았는데 허위로 발생한 지출을 가공경비라 합니다. 가사경비, 가공경비는 비용으로 인정이 되지 않고 추후 발견 시 소명요청이 들어와 많은 가산세를 물기도 합니다.

'난 10년 넘게 사업을 하였고 때론 가사경비와 가공경비를 비용으로 처리하였는데 현재 아무런 문제가 없어.' 이런 말이 이따금 들립니다. 그는 거짓말을 얘기한 걸까요? 국세청이 실시하는 세무조사는 한정된 인력에 정해진 시간 내에 이루어지므로 이런 일이 발생하기도 합니다.

① 증빙이 절세다

2016년 기준으로 개인사업자의 수는 5백만 명이 조금 넘고 세무조사를 받은 업체는 5천 군데가 되지 않습니다. 확률적으로 보았을 때 약 0.1% 입니다. 이들 중 수입금액이 1억 원 미만인 개인사업자는 4백 명도 되지 않습니다. 전체 개인사업자의 0.01% 미만인 것입니다.

세무조사 확률이 이렇게 낮다고 해서 가사경비, 가공경비를 막 처리해도 될까요?

많은 개인사업자들이 세무사에게 맡겼다고 세무 공부를 등한시합니다. 세무사들은 사업주가 전해준 증빙을 토대로 대리 신고만 할 뿐 입니다. 사업에 연관된 증빙들을 제출해야 합니다. 제출한 증빙이 많으면 많을수록 세금은 줄어듭니다. '어떤 증빙을 제출해야 하는가?' 정도는 배워야 합니다.

'사장님, 얼마에 맞춰 드릴까요?'
고용 중인 세무대리인이 아직도 이런 말을 하나요?
점점 세상은 투명해집니다. 대부분의 가사경비, 가공경비는 전산으로 거의 걸러집니다. 만약 어떤 세무대리인이 '얼마에 맞춰 줄까요?' 라고 말한다면 또 그렇게 맞춘다면 그 세무대리인은 일을 잘하는 것일까요? 추후 문제가 발생하면 모든 책임은 사업주의 책임입니다. 종합소득세의 필요경비 처리는 소명용 증빙이라도 갖추어 놓아야 합니다.

부가가치세는 적격증빙이어야만 매입세액공제가 가능하고, 종합소득세는 소명용 증빙이더라도 필요경비 처리가 가능합니다. 적격증빙이 무엇인지? 소명용 증빙은 또 무엇인지? 이 정도만 알면 됩니다. 그러면 세무대리인을 부릴 수가 있습니다.

알고 부려야 절세로 연결이 됩니다.

Tax Tip

국세기본법 제 14조 실질과세의 원칙 1항을 보면 '과세의 대상이 되는 소득, 수익, 재산, 행위 또는 거래의 귀속이 명의일 뿐이고 사실상 귀속되는 자가 따로 있는 때에는 사실상 귀속되는 자를 납세의무자로 하여 세법을 적용한다.' 라고 규정합니다. 2항에는 '세법 중 과세표준의 계산에 관한 규정은 소득, 수익, 재산, 행위 또는 거래의 명칭이나 형식에 불구하고 그 실질 내용에 따라 적용한다.' 라고 규정합니다.

쉽게 풀이하면 실질과세원칙에 의거하여 세무대리인의 실수로 신고가 잘못되었다고 할지라도 실질 사용자, 즉 사업자가 모든 책임을 진다고 볼 수 있다는 것 입니다.

흥정을 해 보세요

개인사업자는 과세유형에 따라 일반과세사업자와 간이과세사업자로 구분 됩니다. 사업자간의 거래에서는 세금계산서를 주고받는 것이 거래의 원칙입니다. 우리나라의 부가가치세는 1977년 아시아 최초로 도입되었습니다. 그 당시에는 신용카드, 현금영수증이란 것이 없었습니다. 추후 사업자의 신용카드매출전표, 지출증빙현금영수증도 적격증빙의 형태로 인정되었습니다. 사업자간의 거래에서는 적격증빙의 수취가 거래의 기본입니다.

'부가가치세 = 매출세액 - 매입세액' 이 하나의 공식으로만 계산이 됩니다.

그런데 간이과세사업자는 매출세액, 매입세액에 업종별 부가가치율을 곱하는 특혜? 가 있으므로 계산상의 이점이 존재합니다. 때문에 적격증빙을 수취하지 않는 것이 계산상 득이 됩니다.

음식점을 예로 들면 재료비를 11,000원(매입=매입액+매입세액, 11000=

10000+1000)에 구입 하였다면 일반과세자의 매입세액은 1,000원인데 간이과세사업자는 1,000×10%(음식점업종별부가가치율)=100원이 매입세액이 되는 것입니다.

즉 100원을 공제받기 위해 1,000원을 지출할 필요가 없는 것입니다. 이러한 이유로 간이과세사업자는 자료 없이 싸게 사는 것이 계산상은 득이 됩니다. 물론 상대 사업자(매입처)가 흥정을 받아 줘야 합니다. 상대사업자 역시 숨겨진 매출이 생기므로 거절할 이유가 없습니다.

위의 경우라면 간이과세사업자라면 10,000원에 세금계산서를 안 받는 것이 유리합니다.

간이과세 사업자라면 이렇게 흥정해 보세요.
'자료 없이 10,000원에 가능한가요?'

일반과세 사업자라면 이렇게 흥정해보세요.
'구매를 조금 더 할 테니 자료를 더 줄 수 있나요?'

흥정은 상대가 받아 주면 좋은 것이고 안 받아 주면 원칙대로 줄 돈 주고 세금계산서를 받으면 됩니다.

사례를 통한 부가가치세 절세법

절세 비법? 공식에 답이 있다

세무관련 질문 중에 가장 흔한 질문이 '절세하는 방법을 알려주세요.' 입니다.

공식에 답이 있습니다.

부가가치세부터 살펴보겠습니다.

부가가치세 = 매출세액 − 매입세액

위 공식에서 보면 알 수 있듯이 부가가치세를 적게 내려면 매입세액이 커야 합니다. 달리 표현하면 매입이 많아야 합니다. 조금 더 바른 표현은 올바른 매입을 통하여 매입세액을 공제를 최대한 받아야 한다는 것 입니다.

종합소득세도 살펴보겠습니다. 부가가치세보다는 조금 복잡하나 어렵지는 않습니다.

소득금액 = 수입금액 − 필요경비

⬇

위 공식으로 소득금액을 계산한 후에 소득공제를 받습니다.

공제된 소득금액 = 소득금액 − 소득공제

⬇

공제된 소득금액이 계산되었으면 일정세율을 곱합니다.
(세율은 공제된 소득금액에 따라 상이합니다)

산출세액 = 공제된 소득금액 × 세율

⬇

산출세액이 결정되었으면 세액공제를 받습니다.

종합소득세 = 산출세액 − 세액공제

총 4단계 과정을 거친 후 종합소득세가 결정됩니다.

위 공식에서 보면 알 수 있듯이 종합소득세를 적게 내려면 필요경비가 많아야 하고 소득공제를 많이 받아야하고 세액공제를 많이 받아야 합니다. 녹색 글씨체로 표시된 부분이 커야 세금은 줄어듭니다. 답은 나와 있습니다. 녹색 글씨체 부분을 조금만 더 깊이 있게 배우면 절세는 이루어집니다. 추후 사례를 통해 녹색 글씨체 부분을 최대한 쉽게 다루어 드리겠습니다.

초보 사장님

사업의 특성상 출장이 잦고, 접대비가 많이 듭니다. 이런 것들은 부가가치세 매입세액공제가 가능한가요?

택스 코디

접대비, 교통비, 비영업용 소형승용차등의 구입, 임차, 유지비 등은 조세 정책적으로 부가가치세 매입세액공제가 되지 않습니다.

Tax Tip

[조세 정책적으로 매입세액공제를 받지 못하는 경우]

1. 접대비 및 이와 유사한 비용의 매입세액
2. 교통비 등 영수증 발행업종 관련 매입세액
3. 비영업용 소형승용차의 구입과 임차 및 유지에 관한 매입세액
4. 간이과세자나 면세사업자로부터 매입한 것

사장님! 절세? 어렵지 않아요

부가가치세 계산법, 부가가치세는 간접세

식당을 운영하는 최사장님이 손님으로 부터 음식값 33,000원을 받았습니다. 33,000원 전부 사장님의 돈 일까요?

아닙니다.

손님이 지불한 식대(33,000원)는 '매출 = 매출액 + 매출세액(33,000원 = 30,000원 + 3,000원)' 공식으로 풀어 보면 매출세액은 3,000원이 됩니다.

매출세액 3,000원은 손님의 부가가치세를 잠깐 맡아 놓은 것입니다. 매출세액 3,000원은 최사장님의 돈이 아니고 부가가치세 신고 기간에 납부해야 할 부가가치세입니다. 손님의 부가가치세를 사장님이 받았다가 대신 납부하는 것입니다. 이러기에 간접세라고 부릅니다. 간접세란 납세자와 납세의무자가 다른 세금을 일컫습니다.

부가가치세는 손님이 납세자이고 납세의무자는 사장님이 되는 것이기에 손님으로부터 받은 부가가치세를 잠시 맡아두었다가 신고기간에 국가에 납부를 하는 것입니다.

사장님이 물건을 구입할 때도 마찬가지로 부가가치세가 포함된 가격에 구입을 하는 것입니다. 33,000원 음식 값의 재료비가 11,000원 들어갔다고 가정해 봅시다. 재료비 11,000원을 '매입 = 매입액 + 매입세액(11,000 = 10,000 +1,000)'으로 풀어보면 사장님 역시 재료를 구입할 때 1,000원의 부가가치세를 더하여 지불한 것입니다.

'부가가치세 = 매출세액 - 매입세액'이란 공식으로 계산이 됩니다. 이 경우에 부가가치세는 얼마일까요? 손님에게 부가가치세를 포함한 33,000원을 받았고 재료를 구입할 때에도 부가가치세가 포함된 11,000을 지불하였습니다. 3,000 - 1,000 = 2,000원, 손님으로 부터 받은 부가가치세 3,000원(매출세액)을 납부하는 것이 아니고, 재료비에 대한 부가가치세(매입세액)를 빼고 납부하는 것 입니다. 그래서 위의 경우에 부가가치세는 2,000원이 되는 것입니다.

초보 사장님

부가가치세 신고 시 체크해야 할 부분은 무엇인가요?

 택스 코디

부가가치세 신고 시 매입세액공제는 적격증빙이어야 가능합니다. 부가가치세 신고는 매출은 드러나므로 부가가치세를 줄이기 위해서는 최대한 잡을 수 있는 매입세액이라면 뭐든지 확보해야 합니다. 매입세액공제가 가능한 리스트는 다음과 같습니다. 사업자 명의로 전환하지 않은 공과금이 있다면 하루라도 빨리 전환해서 세금계산서를 받으세요. 매입 자료의 확보로 부가가치세는 줄일 수 있습니다.

구분	체크리스트
재료비	식당이라면 식자재 구매, 미용실이라면 재료 구매 등
월세	건물주가 간이과세자라면 종합소득세 비용 처리만 가능
공과금	전기, 가스, 인터넷, 휴대전화, 일반전화, 보안업체, 정수기

크게 정리하면 부가가치세 매입공제를 받을 수 있는 건 이상이 전부일 수도 있습니다.

인건비는 부가세와는 관련이 없습니다. 직원 등록을 하여 원천세를 신고, 납부하고 지급명세서를 제출하면 종합소득세 신고 시 비용 처리는 가능합니다.

개인적인 지출을 사업자 카드로?

 초보 사장님

카드사에서 사업자카드를 추천을 받아 사용 중입니다. 할인이 좋아서 식당이나 마트에서 가족 외식, 집에서 먹을 것 등 장보는데 사업자카드로 개인적인 지출을 너무 많이 하면 안 되나요? 국세청에 신고한 신용 카드는 다른 카드 입니다. 그건 일반 신용카드입니다. 앞으로 가게 운영카드 1, 개인생활카드1 이렇게 쓰는 게 낫겠죠?

택스 코디

우선 세법상 사업자카드라는 것은 존재하지 않습니다. 은행이나 카드사에서 권하는 사업자카드는 그들의 마케팅의 일환으로 생각하면 될 듯합니다. 사업주 명의의 모든 신용, 체크카드는 사업자카드 입니다. 문제는 개인적인 지출은 부가가치세 매입세액공제를 받을 수 없다는 것입니다. 많은 분들이 홈택스에 사업자카드를 등록하면 자동으로 매입세액공제를 받는 거라고 생각을 합니다. 부가가치세 매입세액공제는 사업주의 카드를 사업에 관련한 지출을 하였을 경우에만 매입세액공제가 가능합니다. 만약, 신용카드가 두개가 있다면 하나는 사업용 지출, 다른 하나는 개인적인 지출을 하세요. 사업용 지출을 하는 카드는 홈택스에 등록을 하면 부가가치세 신고 시 조금 더 수월할 수는 있습니다.

 초보 사장님

홈택스에 등록한 사업자 카드는 사업관련으로만 사용하였습니다. 공제대상으로 표기된 것만 부가세 매입세액공제가 되는 건가요? 국세청에 문의를 하려고 전화를 했는데 계속 통화중입니다. 공제된 모든 것을 다 신고해도 될까요?

 택스 코디

사업 관련 지출이라는 전제하에 설명하겠습니다. 홈택스는 과세, 비과세를 걸러냅니다. 면세사업자로 부터 발생한 비용은 당연히 비과세라 불공제로 표기가 됩니다. 상대사업자가 간이사업자일 경우도 불공제로 표기가 됩니다. 만일, 음식점을 하는 사장님이라면 면세사업자로부터 구입한 식재료가 불공제로 표기가 되어있더라도, 의제매입세액공제를 받아야 합니다. 또 개인적인 지출인데 일반과세사업자로부터 구입을 하였다면 공제로 표기되는데 이런 경우는 매입세액공제를 받으면 안 됩니다.

Tax Tip

홈택스의 공제와 불공제를 나누는 기준은 매입한 사업자가 과세사업자인지 면세사업자인지, 일반과세사업자인지 간이과세사업자인지, 이 두 가지만을 걸러내서 공제와 불공제로 표기가 됩니다. 그러한 이유로 공제, 불공제를 한 번 더 확인하는 과정은 필수입니다.

홈택스에 등록하지 않은
신용카드의 부가가치세 매입세액공제

사업자 본인 명의의 신용카드로 매입을 하였을 때, 사업에 관련된 지출이라면 적격증빙입니다. 홈택스를 통해 셀프신고를 해보신 분이라면 번거로운 경험을 다들 해보셨지요? 일일이 카드번호를 입력해야 하고 매입처 사업자번호를 입력해야 하고 공급가액을 입력해야 합니다.

홈택스 셀프신고를 좀 더 편안히 하려면 매입이 빈번한 거래처는 동일한 신용카드로만 결제를 하세요. 그러면 건건히 입력할 필요가 없이 그냥 합계금액을 기록하면 된답니다.

A 마트에서 1~6월간 총 매입금액이 3.300.000원이고 총24번 결제를 하였다면,

신용카드번호	거래처사업자번호	건수	공급가액 (매입액)	비고
5555 6666 7777 8888	123-45-6789	24건	3,000,000	

이렇게 홈택스 상에서 입력하면 됩니다.

그런데, 동일한 거래처에서 신용카드를 각기 다른 카드를 사용하였다면 일일이 입력을 해야 하니 많이 번거로워 집니다.

Tax Tip

부가가치세 홈택스 신고를 조금 더 편하게 이용하려면 동일한 거래처에서 매입이 빈번하다면 동일한 신용카드를 사용하세요. 그러면 건당 일일이 입력을 안 해도 되고 합산하여 한 번에 처리할 수가 있어 편리 합니다.

2 사례를 통한 부가가치세 절세법

사업용 지출 + 사업자 신용카드 임에도 매입세액 불공제?

사업자본인명의의 신용카드를 사업과 관련한 지출을 하였음에도 부가가치세 매입세액 공제를 받지 못하는 경우를 정리해 보았습니다.

부가가치세 매입세액 공제를 받지 못하는 경우	상대 사업자가 간이과세 또는 면세사업자인 경우
	세금계산서를 발급할 수 없는 업종
	– 목욕, 이발, 미용업의 본래 사업관련 용역
	– 여객운송용역 (전세버스는 제외)
	– 입장권을 발행하여 영위하는 사업자의 본래 사업관련 용역
	– 의사가 제공하는 성형 등 과세되는 의료용역을 공급하는 사업
	– 수의사가 제공하는 과세되는 동물의 진료용역
	– 무도학원, 자동차운전학원의 용역을 공급하는 사업

초보 사장님

그럼 상대 사업자의 과세유형은 어떻게 확인 가능한가요?

 택스 코디

신용카드 매출전표로 부가가치세 매입세액공제를 받기 위해서는 상대사업자가 일반과세사업자이어야 합니다. 홈택스에서 '사업자등록상태조회'를 클릭하면 상대사업자의 과세유형이 확인이 가능합니다. 2010년 7월 1일 이후부터 일반과세사업자는 신용카드매출전표에 공급가액과 세액을 구분하여 표시하도록 부가가치세법 시행령을 개정한 사실은 있으나 위반할 경우 가산세 조항은 없습니다.

2 사례를 통한 부가가치세 절세법

사업자등록 후 주민등록번호로 발급 받은
세금계산서 매입세액공제 가능?

저는 모르는 것이 있으면 세무공무원을 찾아 가기도 하고 전화로 문의하기도 합니다. 최근에는 그들도 많이 친절하여 예전의 권위적인 분위기는 많이 줄어들었습니다.

택스 코디

사업자등록을 하고 난 이후에 주민등록번호로 세금계산서를 발급 받았습니다. 부가가치세 매입세액공제가 가능한가요?

세무 공무원

사업자등록 전이면 가능은 한데 알아보고 난 뒤에 전화 드릴게요.

최근 들어 세무공무원의 태도는 굉장히 부드러워졌습니다. 몇 년 전만 하더라도 굉장히 고압적이었는데 이젠 친절합니다. 그러나 전문가인 그들도 즉답이 힘든 경우가 제법 많이 있습니다. 이

번엔 답을 주기 까지 한 시간 정도 시간이 흘렀습니다.

세무 공무원

사업자등록 이후이면 매입세액공제가 불가능합니다. 관련 판례가 2015년도에 있었는데 불가능하다고 결론이 났습니다.

택스 코디

네, 감사합니다.

사업자등록 이후, 주민등록번호로 세금계산서를 발급 받았다면 세금계산서를 사업자번호로 수정해서 다시 발급 받아야 합니다.

 초보 사장님

사업자 등록 전이라면 세금계산서 발급이 되나요?

 택스 코디

사업자 등록 전 매입세액공제는 과세기간 종료일로부터 20일 이내에 사업자등록을 신청한 경우, 공급시기가 속하는 과세기간의 개시 일부터의 매입은 공제가 가능합니다. 쉽게 풀이하면 5월 20일 사업을 시작하여 사업자등록을 하지 않더라도 1기 과세기간이 종료되는 6월 30일이 끝나는 날로부터 20일 이내, 즉 7월 20일까지 사업자등록을 하는 경우에는 1기 과세기간에 속하는 매입세액에 대해 공제가 가능합니다. 세금계산서는 주민등록번호, 성명, 주소 기재한 것이면 가능합니다.

 초보 사장님

저의 명의로 사업자를 낼 건데 저의 신용카드로 매입한 것도 부가가치세 매입세액공제를 받을 수 있나요?

 택스 코디

매입신용카드전표 역시 사업자 등록 전이라도 사업에 관련한 지출이라면 부가가치세 매입세액공제가 가능합니다.

사업장의 전기요금, 신용카드로 결제 시 부가가치세 매입세액공제 가능?

 초보 사장님

식당을 운영하고 있습니다. 사업장의 전기요금도 부가가치세 매입세액공제가 가능하다고 알고 있습니다. 사업자 명의전환 신청을 하지 않고 전기요금을 사업주 명의의 신용카드로 결제를 하였는데 부가가치세 매입세액공제가 가능한가요?

택스 코디

위와 같은 경우도 적격증빙이므로 부가가치세 매입세액공제가 가능합니다. 전기요금 같은 공과금등은 사업자 명의로 전환 신청을 하면 매달 전자세금계산서가 발급되므로 사업자명의로 전환을 하는 것이 바람직합니다.

초보 사장님

홈택스에 등록한 신용카드로 결제를 하였는데, 자동으로 부가세 매입세액공제가 되는 건가요?

택스 코디

홈텍스는 1차적으로 상대방의 과세유형을 보고 걸러냅니다. 홈택스 프로그램이 완벽하게 공제, 불공제를 걸러내지는 못합니다. 그러므로 홈택스에 등록한 신용카드로 결제를 하였다고 해도 공제여부 확인은 필수입니다. 만약 불공제로 표시가 되었더라도 위와 같은 경우에는 공제로 변경하여 부가가치세 매입세액공제를 받으면 됩니다.

사업자라면 공공요금도 세금계산서를 발급해 줍니다. 부가가치세 신고 시 전기요금, 가스요금, 통신비 등과 같은 공과금 공제가 가능하다는 사실을 알고 계셨나요? 모르셨다면 이번에 확실하게 알아서 부가가치세 신고 때 매입계산서를 꼭 받아놓으세요. 공과금에 포함된 부가가치세는 상대적으로 적다고 생각하기 쉽지만, 티끌 모아 태산이라는 말처럼 잘 챙기면 확실한 도움이 됩니다. 공공요금에 포함된 부가가치세를 세금계산서를 발급받으려면 사업자 번호로 명의를 신청해야 합니다. 개인이 아닌 사업자 명의로 기재된 공공요금 영수증은 세금계산서와 같은 효력이 있습니다.

전기사용료 명의변경 방법은 전기사용변경신청서, 임대차계약서사본, 주민등록증사본, 사업자등록증 사본이 필요하고, 한국전력공사 고객센터 123으로 전화 요청하면 됩니다. 유선전화와 인터넷 사용료는 고객센터 전화번호만 다를 뿐 대게 신청방법은 똑같습니다. 사업자 본인의 휴대전화 사용요금도 부가가치세 매입세액공제가 가능하니 각 통신사 114로 전화해서 사업자 명의로 전환 신청하세요.

 초보 사장님

통신판매업을 하고 있고 사업자등록 주소가 집으로 되어 있습니다. 공과금 매입세액공제가 가능한가요?

 택스 코디

통신판매를 처음 시작하는 사장님 대다수가 집 주소로 시작하는 경우가 많은데요. 이런 경우라면 전기요금 공제

2 사례를 통한 부가가치세 절세법

는 어렵고 인터넷 사용료, 사장님 본인 명의 휴대전화는 매입공제가 가능합니다. 전기요금도 원칙적으론 컴퓨터 사용분에 한해선 매입공제가 가능하지만 현실적으로 구분 자체가 불가능하기에 전기요금은 매입세액이 공제되지 않습니다.

 초보 사장님

작은 식당을 운영하고 있습니다. 난방용 등유도 부가가치세 매입세액공제가 가능한지요?

 택스 코디

네, 식당의 난방을 목적으로 한 연료의 사용은 부가가치세 매입세액공제가 가능합니다. 다만 공제 금액이 큰 경우에는 세무서에서 소명자료를 제출하라는 요구를 할 수 있으니 난방기의 사용대장을 작성해 놓으시는 것이 좋습니다.

사장님! 절세? 어렵지 않아요

가족명의의 신용카드로 구입,
부가가치세 매입세액공제 가능?

 초보 사장님

가족명의의 신용카드로 구입한 비품의 경비를 부가가치
세 매입세액공제 처리가 가능한가요?

택스 코디

원칙적으로는 사업자 본인명의의 신용카드를 사용하여
사업과 관련한 지출을 할 경우 적격증빙이라 하여 부가가
치세 매입세액공제를 받을 수 있습니다. 하지만 명백히 사
업과 관련한 지출인데 가족명의 신용카드로 결제를 하였다
면 이 역시 부가가치세 매입세액 공제를 받을 수도 있습니
다. 중요한 것은 명백히 사업과 관련해야 한다는 것입니다.
가족명의의 신용카드를 이용하여 부가가치세매입세액공
제를 받았다면 세무서에서는 주의 깊게 지켜볼 확률이 매

우 높아지기에 소명용 증빙을 반드시 갖추어야 합니다.

예를 들어 식당을 운영하는 최사장님이 식당에서 사용할 에어컨을 부인명의의 신용카드로 결제 후 부가가치세 매입세액공제를 받았다면 에어컨을 구입한 신용카드매출전표 영수증 및 에어컨을 설치하고 난 뒤의 사진 (날짜가 나와 있으면 더 좋음) 등을 기록 관리해 두면 추후 소명요청이 들어 왔을 때 즉각 대응이 되겠지요.

위의 예시처럼 명백한 사업에 관련한 지출이고 가족명의의 신용카드를 사용 후 부가가치세매입세액공제를 받으려면, 소명용 증빙도 미리 만들어 관리하는 것이 좋습니다. 가능한 사업자 본인 명의의 신용카드를 사용하는 것이 바람직합니다.

차량 유류비, 휘발유는
부가가치세 매입세액공제 가능?

 초보 사장님

차량 유류비의 매입세액공제는 경유, LPG만 가능하고 휘발유는 불가능한가요?

택스 코디

부가가치세 매입세액공제를 받을 수 있는 유종명이 부가 가치세법상 별도로 규정되어 있지는 않습니다. 해당 차량 이 부가가치세 매입세액공제가 가능한 차량인 것인가가 중 요합니다. 부가가치세 매입세액 공제가 가능한 차량은 경 차, 화물차, 9인승 이상의 승합차 입니다.

차량을 영업용으로 사용할 경우는 차종에 상관없이 부가가치세

② 사례를 통한 부가가치세 절세법

매입세액공제가 가능합니다. 영업용이라는 뜻은 택시운송업이나 렌트카업 등과 같은 운수업이나 승용차 판매, 대여업 등과 같이 승용차가 직접 자기사업의 목적물이 되는 것을 말합니다. 예를 들어 택시운송업을 하는 사업자가 5인승 승용차를 구입한 경우, 차종은 부가가치세 매입세액공제가 되지 않는 차종이나 차량을 영업용으로 사용하므로 부가가치세 매입세액공제가 가능합니다.

개인사업자가 경차, 9인승이상의 승합차, 화물차등을 사업과 관련해 사용할 목적으로 구매하거나 임차할 때 자동차 수리비와 기름 값 등을 지출하면 부가가치세 매입세액공제가 가능합니다. 단, 위에 해당하는 차종이더라도 구매한 후 개인적으로 사용하거나 배우자와 자녀 등의 편의를 위해 주로 가정에서 사용한다면 공제받았던 매입 부가가치세를 추징당할 수 있습니다. 그래서 업무용 차량의 비용 인정 기준(자동차보험, 유류비, 렌트비 등)을 마련해 두었습니다. 기준에 따라 차량 관련 비용이 연간 1.000만 원 이하일 때 운행기록을 작성하지 않아도 전액 비용으로 인정받을 수 있습니다.

초보 사장님

카니발을 구입 후 부가세 환급을 받고, 1년 뒤에 폐업 이전 했는데 부가세 환급받은 것을 다시 납부해야 하나요? 가게를 옮겨서 다시 간이사업자로 신규 사업자를 낸 상태입니다.

 택스 코디

폐업 시 부가세신고를 하실 때 매출 란에 기타 부분(폐업 시 잔존재화)에 기록하셔야 합니다. 감가상각율은 1과세기간(즉, 6개월)당 25%씩 감가상각되어 2년이 경과하였다면 따로 신고하지 않으셔도 됩니다. 이 질문처럼 1년이라면 2과세기간이 경과 하였으므로 감가상각을 50%로 적용하여 환급을 200만 원 받았다면 100만 원을 기타 매출 신고 해야 합니다.

초보 사장님

전기오토바이를 구입하려고 하는데 부가가치세 매입세
액공제가 가능한가요?

 택스 코디

자동차, 오토바이 등을 구입할 때 부가가치세 매입세액
공제의 가능 여부는 개별소비세 과세대상인지 확인 여부를
하시면 쉽게 판단됩니다. 개별소비세가 과세되면 부가가치
세 매입세액공제를 받을 수 없습니다. 오토바이의 경우는
내연기관을 원동기로 하는 것은 총 배기량이 125cc를 초
과하면 개별소비세 과세대상입니다. 내연기관 외의 것을
원동기로 하는 것은 그 정격출력이 1kw를 초과하면 개별
소비세 과세대상입니다.

부가가치세 매입세액공제가 가능한	차　　량	경차, 화물차, 9인승 이상의 승합차
	오토바이	배기량이 125cc 이하인 경우

개별소비세가 비과세대상인 차량, 오토바이를 구입하면 구입비

용, 주유비, 렌트비, 리스료, 주차비, 광택, 세차, 수리, 부품교체 등 관련 모든 비용은 부가가치세 매입세액공제가 가능합니다. 단 결제 시 사업자 본인의 카드 또는 사업자번호로 현금영수증 또는 세금계산서를 발급받아야 합니다.

🗨 초보 사장님

위에 있는 차량을 중고로 구입해도 부가가치세 매입세액 공제가 가능하나요?

💡 택스 코디

네, 매매 상을 통해서 매입세금계산서를 받은 경우라면 가능합니다. 단, 개인에게서 구입한 것이라면 불가능합니다.

하이패스 카드로 고속도로 통행료를 지급, 부가가치세 매입세액공제 가능?

 초보 사장님

업무상 출장이 잦은 편입니다. 고속도로 통행료는 부가가치세 매입세액 공제가 가능한가요?

 택스 코디

한국도로공사는 정부 업무를 대행하는 기관으로 한국도로공사의 고속도로 이용 요금은 부가가치세가 면제되는 사업에 해당됩니다. 따라서 부가가치세 매입세액공제를 받을 수 없습니다. 그러나 민자 고속도로의 통행요금은 부가가치세가 과세되므로, 사업주의 차종(경차, 화물차, 9인승이상의 승합차)이 매입세액공제가 가능한 차종이라면 하이패스 요금을 사업주의 신용카드로 지불하였을 경우에는 부가가치세 매입세액공제를 받을 수 있습니다.

초보 사장님

차종이 위의 경우에 해당이 되지 않습니다. 그러면 세금 처리는 어떻게 하나요?

택스 코디

사업상 출장이 명확하다면 종합소득세 신고 시 필요경비 처리는 가능합니다.

부가가치세 매입세액공제라는 것은 원칙이 세금계산서 수령분에 대해 해주는 것입니다. 그 일환으로 신용카드매출전표 수령분에 대한 매입세액공제와 면세농산물 등을 매입 했을 때의 의제매입세액공제가 있는 것입니다. 즉, 세금계산서 자체가 발행이 되는 업종이어야 부가가치세 매입세액공제가 되는 것이므로 간이과세자와 세금계산서발급 금지업종에게서는 아무리 신용카드매출전표를 수령하였어도 부가가치세 매입세액공제가 안 되는 것입니다.

대표적인 세금계산서 발급 금지업종은 전세버스를 제외한 여객

Ⓟ 사례를 통한 부가가치세 절세법

운송용역 그리고 미용, 욕탕, 입장권 발행사업 등입니다. 이 업종들은 부가가치세가 과세되지만 세금계산서 발급 금지업종이므로 부가가치세 매입세액공제가 안 됩니다. 놀이공원이나 영화 티켓도 마찬가지입니다. 실례로 과거 세금계산서 발급금지 업종인 미용실에서 연예기획사 쪽으로 세금계산서를 대량 발급한 적이 있는데 이런 세금계산서가 모두 무효화되어 기획사 쪽에서는 매입세액 불공제처리가 된 적이 있습니다.

하지만 음식점등은 세금계산서 발급 자체를 막아놓은 업종은 아닙니다. 따라서 매입하는 사업자가 세금계산서 발급을 요청하면 발행해 줄 수 있는 업종이라 부가가치세 매입세액공제가 되는 것 입니다. 직원이 있느냐 없느냐로 나뉘는 건 사회통념상의 관점입니다. 직원이 없으면 복리후생비라는 것이 존재할 수 없기에 공제가 안 된다고 하는 것 입니다. 세법적인 부분은 아닙니다.

이에 대한 구체적인 법령은 '부가가치세법 제46조' 와 '부가가치세법 시행령 제88조' 에 자세히 나와 있습니다.

해외 사이트에서 매입, 해외 사이트로 판매, 세금처리?

 초보 사장님

쇼핑몰에서 물건 판매를 하고 있고 물건의 대부분은 해외쇼핑몰에서 매입한 제품입니다. 해외쇼핑몰에서 매입한 내역도 부가가치세 매입세액공제가 가능한가요?

택스 코디

해외쇼핑몰에서 구입한 물건은 정식 수입을 하지 않은 이상 부가가치세가 포함되어 있지 않기 때문에 부가가치세 매입세액공제는 불가능합니다. 단 종합소득세 필요경비처리는 가능합니다.

초보 사장님

만약 국내 생산된 제품을 해외사이트에 판매하는 경우에
는 어떻게 처리가 되나요?

 택스 코디

국내 생산된 제품은 당연히 부가가치세 매입세액공제가
가능합니다. 해외사이트에 판매하는 경우라면 영세율 적용
대상이 됩니다. 해외사이트 판매의 경우에는 수출실적증명
서 등이 없는 직접 수출로 분류되며, 해외 발송 시 받는 우
체국 발송 영수증, 해외 판매 사이트에서 정산 받은 자료,
외화입금자료 등이 증빙 자료가 됩니다.

영세율과 면세는 다릅니다. 영세율은 과세사업자만 적용 받을
수 있습니다. 면세사업자가 영세율을 적용받으려면 면세사업자를
포기하고 일반과세자로 전환해야 합니다. 영세율을 적용받으면
세금계산서를 발행한 것은 매출세액을 내지 않아도 됩니다. 또 세
금계산서를 받은 것은 부가가치세 매입세액을 공제 받을 수 있습
니다. 그러나 면세는 매출세액을 내지 않는 것은 동일하지만 매입

세액은 환급 받을 수 없습니다. 영세율을 적용 받으려면 영세율을 증명하는 서류를 첨부해야 하며 아래 표와 같습니다.

1. 내국물품의 국외반출	· 수출실적 명세서
2. 대외무역법에 따른 중계무역방식의 수출, 위탁판매 수출, 외국인도 수출, 위탁가공무역방식의 수출	· 수출계약서 사본 · 외화입금 증명서
3. 내국신용장 또는 구매확인서에 의한 공급	· 내국신용장 · 구매확인서 사본 · 외국은행이 발행하는 수출대금입금 증명서
4. 국외에서 제공하는 용역	· 외국환은행이 발행하는 외화입금증명서 · 국외에서 제공하는 용역에 관한 계약서
5. 선박 또는 항공기의 외국항행용역	· 외국환 은행이 발행하는 외화입금 증명서

영세율 증명서류를 제출하지 않은 경우에도 영세율 적용대상이 확인되면, 영세율이 적용됩니다.

이 경우 영세율 과세표준신고 불성실가산세(공급가액 1%)를 내야 합니다.

폐업 시 남은 재고도
부가가치세를 납부해야 하나요?

초보 사장님

옷집을 하다가 폐업을 하려 합니다. 장사가 안 되서 폐업하는 것도 속이 상한데 남은 재고에 대해 부가가치세를 내야 한다는 말을 들었습니다. 사실인가요?

택스 코디

보는 관점에 따라서 충분히 공감도 됩니다. 그러나 세법에서는 사업자가 폐업하는 경우에 남아 있는 재고에 대해서는 사업자가 본인에게 판 것으로 간주합니다. 그러므로 재고물품의 부가가치세도 납부를 해야 합니다. 이유는 매입을 할 당시에 장래 매출이 일어날 것을 전제로 해서 매입세액공제를 받았기 때문입니다. 만약, 매입세액공제를 받지 않았다면 재고 물품에 대해 부가가치세를 납부할 필요는 없습니다.

폐업 신고만 했다고 해서 끝이 아닙니다. 폐업을 한 달을 기준으로 다음달 25일까지 부가가치세 신고를 하여야 하고, 다음해 5월에는 종합소득세 신고를 해야 합니다. 면허 또는 허가증이 있는 사업인 경우에는 면허를 발급 받은 기관에 폐업 신고를 해야 면허세가 부과되지 않습니다. 폐업 신고 후 폐업증명을 발급 받아 국민연금관리공단, 건강보험공단에 제출해서 보험료를 조정하는 것도 필수입니다.

 초보 사장님

폐업 후 세금신고는 하였는데 장사가 안 되어서 폐업을 한 관계로 세금이 체납되었습니다.

택스 코디

체납자가 사업자등록을 신청하면 사업자등록증을 교부하기 전에 임차보증금이 압류될 수도 있습니다. 체납기간 중에 재산을 취득하면 압류 후 공매처분을 진행 할 수도 있습니다. 체납세액이 5,000만 원 이상이면 출국금지가 될

수도 있습니다. 체납세액이 500만 원 이상인 자는 신용정
보기관에 명단이 통보되어 금융거래에 제한을 받을 수도
있습니다.

[단순 폐업의 세무 처리]

가게 문만 닫으면 모든 게 다 끝난 것으로 생각하는 사장님들이 많습니다. 폐업 후에 세무서에서 날아오는 고지서를 가지고 깜짝 놀란 좋지 않은 경험을 해보신 분들 계시죠? 폐업을 단순히 가게 문 닫는 것으로 간주하면 생각지도 못한 불이익을 받을 수 있습니다.

단순 폐업일 때의 세무 처리입니다.

1. 세무서에 폐업신고서 제출

2. 부가가치세 확정 신고 (폐업신고 제출한 다음달 25일 까지)

3. 종합소득세 신고 (다음 해 5/1~5/31일까지)

4. 원천세 신고 및 지급명세서 제출 (인건비가 있는 경우)

폐업 시 세금 신고를 제대로 하지 않으면 추후 가산세까지 물어야 하므로 꼭 해야 합니다.

봉사료를 설정하면 매출이 줄어든다?

미용실의 디자이너(프리랜서) 인건비의 경우 매출에서 일정한 비율로 계산되어 성과급의 형태로 지급되므로 봉사료의 성격을 띠고 있습니다. 즉, 미용실 원장의 수입이 아닌 디자이너의 수입으로 볼 수 있다는 것입니다.

위의 경우처럼 직원 인건비의 일부를 봉사료로 처리할 경우에는 매출이 줄어드는 효과가 있으므로 부가가치세를 상당 부분 절세할 수가 있습니다. 봉사료를 매출에서 제외 하려면 지켜야 할 세법상의 절차가 있습니다. 유흥주점, 미용실, 음식업, 등 개인 서비스업을 운영하다 보면 봉사료를 받을 때가 있는데 손님이 직원에게 직접 봉사료를 주면 사업자는 음식 값만 매출로 신고하면 되므로 별 문제가 발생하지 않습니다.

초보 사장님

손님이 음식 값과 봉사료를 합한 금액을 신용카드로 결제를 하였습니다. 어떻게 처리할까요?

 택스 코디

잘못하면 직원에게 지급한 봉사료에 대해서도 사업자가 부가가치세를 내야 할 수 있습니다. 따라서 술값이나 음식 값에 봉사료를 포함하여 받는 경우는 아래와 같은 처리를 해야 합니다.

1 세금계산서, 영수증, 신용카드매출전표 등을 발급할 때 용역대가와 봉사료를 구분 기재하여야 합니다.

2 구분 기재한 봉사료가 직원에게 지급된 사실이 확인 가능해야 합니다.

3 구분 기재한 봉사료가 공급가액의 20%를 초과하는 경우, 봉사료 지급액에 대하여 5%의 소득세를 원천징수하고 봉사료 지급대장을 작성해야 합니다.

4 봉사료 지급대장에는 봉사료를 받는 직원별로 신분증 복사본과 직원의 자필로 성명, 주민등록번호, 주소 등이 기재되어야 하고, 직원이 직접 받았다는 서명이 필요 합니다. (5년간 보관하여야

합니다.)

5 봉사료를 받는 사람이 봉사료지급대장에 서명을 거부하거나 확인서 작성 등을 거부하는 경우, 직원통장의 계좌이체 등을 통하여 증빙을 갖춰야 합니다.

의제매입세액공제,
매입처가 간이과세사업자?

 초보 사장님

식당을 운영합니다. 부근의 야채가게에서 야채를 자주 구입하였습니다. 사업자지출증빙으로 현금영수증 처리하였습니다. 그런데 그 야채가게가 간이과세사업자인 것을 뒤늦게 알았습니다. 구입한 야채들을 의제매입세액공제를 받으려고 하는데 상대 사업자가 간이과세사업자 일 경우 의제매입세액공제가 가능한가요?

택스 코디

사업에 관련한 지출을 적격증빙(세금계산서,계산서,신용카드,현금영수증 등)의 형태로 수취한다고 해서 부가가치세 매입세액공제가 전부 되는 것은 아닙니다. 예를 들어 상대사업자가 면세사업자, 간이과세사업자이거나 세금계산서 발급금지업종의 사업자 일 경우에는 부가가치세 매입세액공제가 되지 않습니다.

그러나 의제매입세액공제는 상대사업자의 유형은 중요하지 않습니다. 어차피 비과세제품을 공제해주는 것이기 때문에 상대사업자가 간이과세이더라도 부가가치세 의제매입세액공제가 가능합니다. 위의 질문을 주신 사장님은 세무 상식이 있는 분입니다. 인터넷 검색을 통해서든, 책을 통해서든 세무공부를 한 세무 상식이 있는 사람의 질문입니다. '적격증빙이 무엇인지, 적격증빙이더라도 상대사업자의 유형을 확인해야 한다는 것, 의제매입세액공제가 무엇인지' 정도의 세무 상식이 있기에 이런 질문이 가능합니다. 6개월 정도의 기간에 1,000분 이상의 사장님, 예비사장님들의 세무 상담을 도와드렸습니다.

윗분 정도의 질문을 할 줄 아는 사장님이라면 무조건 셀프신고가 가능합니다. 세무 공부를 조금만 하더라도 윗분 정도의 세무 상식은 충분히 습득 가능합니다. 위의 사장님은 형식적인 세무대리인을 쓰는 것보다 본인이 직접 셀프 신고를 하는 것이 세금이 더 적게 나올 것이라고 저는 자신합니다.

제조업을 운영하는 사업자가 부가가치세를 면제받아 공급받은 농·수·축·임산물을 원재료로 제조 또는 가공한 물품을 판매하는 경우에는 그 면제되는 물품의 가액에 업종별, 종류별로 재무부령이 정하는 일정률을 곱해서 계산한 금액을 매입세액으로 공제할 수 있는데, 이러한 제도를 의제매입세액 공제라 합니다.(부가가치세시행령 제62조 1항)

좀 쉽게 풀이하면 음식업자가 면세사업자로부터 구매하는 농산물 구매가액 중 일정 비율을 매입세액으로 인정해 부가가치세를 돌려주는 제도입니다.

음식점, 카페, 디저트 등을 운영하는 사업자분들에게는 부가가치세가 항상 부담입니다. 따라서 과세관청에서는 면세인 농산물, 축산물, 수산물 등을 매입해 가공하고 과세로 판매하는 사업자에 대해서 의제매입세액 공제라는 제도를 둬 면세계산서 매입에서도 일정률(음식점의 경우)을 부가가치세로 공제해 주도록 하고 있습니다. 음식점이나 카페 관련 사업하는 분들은 반드시 면세계산서를 잘 수취해서 부가가치세 의제매입세액 공제를 잘 챙겨 받으시기 바랍니다. 간이과세자의 경우 의제매입 한도는 없으나 의제매입세액이 납부세액을 초과할 때에는 그 초과하는 부분은 없는 것으로 간주합니다.

쉽게 사례를 하나 들어드릴 게요.

업종은 음식, 종목은 한식을 운영하는 음식점이 있습니다. 1분기 (1월~6월)에 농산물을 3,240만 원어치 구매하고 면세계산서를 받았다면 의제매입세액은,

> **3,240만 원 × (음식점 공제율 9/109, 4억 미만 매출이라 가정) = 267만 원**

267만 원만큼 매입세액 공제를 받을 수 있습니다. 2018년 세법 개정 후 음식점 의제매입세액 공제율은 매출 규모에 따라 9/109로 인상됐습니다.

Tax Tip

간이과세 사업자의 의제매입세액 공제는 음식점업만 공제 가능합니다. 음식점을 운영하는 간이과세자의 경우에는 과세표준의 5%에 해당되는 매입금액에 대하여는 비사업자인 농어민이나 개인으로부터 직접 공급받은 면세농산물 등의 가액에 대하여 의제매입세액 공제를 받을 수 있습니다. 의제매입세액 공제신고서를 제출하면 되는 것으로 면세농산물 등을 공급한 농어민의 성명, 주민등록번호, 건수, 품명, 수량, 매입가액을 기재하여 제출하시면 됩니다.

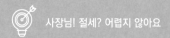 사장님! 절세? 어렵지 않아요

사례를 통한
종합소득세
절세법

개인사업자 종합소득세 계산법 간단 정리

개인사업자의 종합소득세를 최대한 간단하게 정리해 보겠습니다.

수입금액 – 경비 = 소득금액

※ 수입금액은 전년도 총 매출액입니다. 아래 표를 참고하세요.

↓

(소득금액 – 소득공제) × 세율 = 산출세액

※ 세율은 6%~42%로 누진 적용됩니다.

↓

산출세액 – 세액공제 = 종합소득세

소득공제 항목	기본 공제	본인, 부양가족
	추가 공제	장애인 공제, 국민연금보험 공제, 노란우산공제 등

| 세액공제 항목 | - 자녀세액 공제
- 연금저축세액 공제 등 |

개인사업자의 경우 과세표준을 총 7개 구간으로 구분해 세율을 적용합니다. 과세표준금액은 '소득금액 - 소득공제' 금액을 말하는 것입니다.

과세표준금액 (소득금액-소득공제)	세율
1,200만 원 이하	과세표준금액의 6%
1,200만 원 초과 4,600만 원 이하	72만 원 + 1,200만 원을 초과하는 금액의 15%
4,600만 원 초과 8,800만 원 이하	582만 원 + 4,600만 원을 초과하는 금액의 24%
8,800만 원 초과 1억5천만 원 이하	1,590만 원 + 8,800만 원을 초과하는 금액의 36%
1억5천만 원 초과 3억 원 이하	3,760만 원 + 1억5천만 원을 초과하는 금액의 38%
3억 원 초과 5억 원 이하	9,460만 원 + 3억 원을 초과하는 금액의 40%
5억 원 초과	1억7,460만 원 + 5억 원을 초과하는 금액의 42%

'종합소득세를 신고하는 달이라 자영업자들이 속한 인터넷 게시판이 종합소득세로 뜨겁습니다.'

아래와 같은 글이 게시되었습니다.

게시글

작년 3월에 오픈해서 작년 매출이 2억 5천만 원 정도 발생하였습니다.
종합소득세 19만원에 조정료는 40만 원을 요구합니다.
걱정했던 것보다 적게 나와서 한숨 돌렸네요.

댓글 A 저희는 약 1억 8천만 원인데 종소세가 130만 원 정도 발생하였습니다.

댓글 B 적게 나온 비결이 무엇인가요?

댓글 C 거래하는 세무사 소개 부탁드려요.

개인사업자의 세금은 번 돈에서 벌기 위해 쓴 돈을 빼는 방식이라고 설명하였습니다. 게시 글을 작성한 사장님이 세금이 적게 나온 이유는 무엇일까요? 댓글처럼 세무사가 유능해서가 아니고 벌기 위해 쓴 돈이 많았다는 것입니다. 즉, 작년에 사업자를 내었으니 인테리어, 설비비용 등, 비용이 많이 발생해서 입니다.

Tax Tip

개인사업자의 세금 = 번   돈   – 벌기 위해 쓴 돈

부가가치세   = 매출세액   – 매입세액

종합소득세   = 수입금액   – 필요경비

개인사업자 종합소득세 경비 인정 항목

 초보 사장님

개인사업자가 필요경비로 인정받을 수 있는 비용, 필요
경비로 인정되지 않는 비용을 구분하여 주세요.

택스 코디

종합소득세는 적격증빙의 형태가 아니고 소명용 증빙이
라도 필요경비로 처리가 가능합니다.

[대표적인 필요경비로 인정되는 비용 항목]

1 수입금액을 얻기 위해 직접 쓰인 원료나 급료, 수선비 등

2 사업과 관련한 각종 보험료

(사업자 본인의 인건비와 건강보험료는 인정되지 않는다)

3 사업에 관련한 대출 이자비용

(개인에게 자금을 융통한 경우는 소정의 세액을 원천징수하여 신고, 납부해야 가능)

4 감가상각비 또는 충당금 설정금액

[대표적으로 필요경비로 인정되지 않는 비용 항목]

1 가사 관련 지출 경비

2 소득세, 벌금, 과태료, 세법에 의한 가산금과 체납 처분비 등

3 사업과 관련이 없다고 인정되는 금액

 초보 사장님

직원들이 붕어빵을 좋아합니다. 꽤나 자주 사주는 편인데 노점이라 영수증을 받을 수가 없습니다. 종합소득세 신고 시 필요경비처리가 가능한가요?

 택스 코디

가능합니다.

소득세법에 의하면 '노점상인, 행상인 또는 무인자동판매기를 이용하여 사업을 하는 자가 공급하는 재화 또는 용역은 계산서 또는 영수증을 발급하지 아니할 수 있다'로 규정하고 있습니다. 그러한 이유로 직원들이 노점상에서 떡볶이를 먹은 경우에는 영수증을 받을 수 없으므로 지출결

③ 사례를 통한 종합소득세 절세법

의서 같은 장부를 만들어 두어야 필요경비로 처리가 가능합니다.

 초보 사장님

식당 화재보험이 종합소득세 비용처리가 가능한가요?

택스 코디

네, 가능합니다. 보험료 관련하여 한번 정리를 해 보겠습니다.

사업장과 관련한 화재보험에 가입되어 있다면, 비용처리가 가능합니다. 업무에 사용한 차량 보험 또한 비용처리가 가능합니다. 지역가입자로 납부한 사업주 본인의 건강보험료도 비용처리가 가능합니다. 직원이 있을 경우, 4대 보험과 국민연금 중 사업주 부담 분 또한 '세금과 공과금'이라는 계정으로 비용처리가 가능합니다.

인건비의 경비처리

벌기 위해 쓴 돈으로 분류되는 인건비는 부가가치세와는 전혀 관련이 없습니다. 인건비(급여)를 지급하고 종합소득세 신고 시 필요경비로 처리하기 위해서는 원천세를 신고, 납부해야 하고 지급명세서를 제출해야 합니다. 원천세 신고는 급여를 지급할 때 세금을 제한 후 급여를 지급하고, 급여를 지급한 다음달 10일까지 신고, 납부를 해야 합니다.

상시 근로자수가 20인 이하인 소규모 사업자는 반기별 납부를 신청하면, 반기별로 납부가 가능합니다. 반기별 승인 신청은 6월과 12월에 신청이 가능합니다.

지급명세서란 직원별로 1년간 지급한 총 금액과 징수한 세금이 얼마인지 정리하여 분기말일의 다음달 10일, 다음 연도 2월 말 또는 3월 10일까지 제출해야 하는 서류를 말합니다. 일용직 직원이라면 2019년부터 분기의 마지막 달의 다음 달 말일까지 지급명세서를 제출해야 합니다. 기타소득, 이자 및 배당소득 등은 다음 연도 2월말까지 제출해야 합니다. 근로소득, 퇴직소득, 사업소득의 경우는 다음 연도 3월 10일(근로소득 간이지급명세서 – 상반기, 하반기 지급분에 대해 반기의 마지막달의 다음 달 말일)까지 제출해야 합니다.

이 두 가지 서식을 제출하지 않고 비용을 인정받으려면 인건비의 1%의 가산세가 발생합니다.(기한 경과 후 3개월 이내에는 0.5%)

 초보 사장님

직원을 구했는데 신용불량자여서 월급을 현금으로 수령하기를 희망합니다. 이때도 비용처리가 가능한가요?

 택스 코디

인건비를 지급하거나 사업과 관련한 지출을 했는데도 사업용 계좌를 통한 계좌이체가 아니라 현금으로 지급해야 하는 경우가 있습니다. 실제 사업을 하다보면 현금으로 지급해야 하는 경우가 종종 생기게 마련입니다. 이렇게 현금으로 지급한 경우 세법상 비용처리가 되는지 가산세가 부과되지는 않는지에 대해 알아보겠습니다. 원칙적으로는 사업용 계좌의무 사업자는 가산세의 대상이 됩니다. 사업과 관련이 없는 경우는 당연히 비용처리는 되지 않습니다. 그러면 어떤 경우에 사업용 계좌를 사용하지 않아도 가산세가 부과되지 않는지 알아보겠습니다. 근로자가 신용불량자 또는 외국인 불법체류자, 건설 직에 종사하는 국민연금 가입대상이 아닌 일용직 근로자의 경우에는 사업용 계좌를 통한 계좌이체가 아니라 근로자에게 직접 현금으로 임금을 지급해도 가산세 없이 비용처리가 가능합니다. 하지만, 비용 지출에 대한 객관적인 사실이 확인 가능해야 하므로 임금대장, 신분증사본, 수령증 등을 작성하여 별도로 보관해야 합니다.

 초보 사장님

제조업을 하고 있습니다. 외국인 불법체류자를 채용하고 급여를 지급하였습니다. 인건비를 필요경비 처리해도 되나요?

택스 코디

결론부터 얘기하면 가능합니다.

불법체류 근로자가 관계 당국에 적발되면 벌금을 물거나 국외로 추방될 수 있지만, 업무와 관련해서 실제로 인건비를 지급했다는 사실을 입증할 수 있으면 필요경비 처리가 가능합니다. 필요 서류는 급여를 지급했다는 내역(통장내역, 현금수령 확인증 등), 근무한 사실 입증 내역(근로계약서, 근무일지 등), 신분 증사본(여권, 외국인등록증) 같은 증빙 서류의 보관은 필수입니다. 인건비 신고는 일반 직원과 동일하게 진행되고, 외국인 등록번호가 없는 경우라면 여권번호나 거주지국의 납세번호로 신고하면 됩니다. 불법체류자를 고용하면 사업주에게도 불이익이 있으니 경비 처리 여부를 떠나 잘 알아보고 판단해야 합니다.

인건비 신고를 누락하는 사업장이 많은 게 현실입니다. 직원이 신용불량자 또는 기초수급자등의 이유로 소득이 노출 되면 안 되는 경우가 많으니까요. 사업주의 입장에서는 인건비 신고를 하지 않으면 결과적으로 인건비를 필요경비로 처리하지 못하기 때문에 세금이 증가할 수밖에 없지요.

초보 사장님

신고하지 않은 인건비를 그냥 필요경비로 처리하면 어떻게 되나요?

 택스 코디

적격증빙 과소수취로 사후 안내문을 통하여 수정신고를 해야 합니다. 당연히 많은 가산세를 부담합니다.

 초보 사장님

직원이 4대 보험을 가입하지 않았으면 퇴직금을 주지 않아도 되나요?

 택스 코디

근로기준법에는 4대 보험 가입유무와 상관없이 계속근로기간이 1년 이상 근로자에게는 무조건 퇴직금을 지급하라 명시되어 있습니다.

초보 사장님

퇴직금을 월급에 포함시켜 지급해도 되나요?

 택스 코디

안 됩니다. 근로계약서상에 그런 규정을 명시하였다 하여도 급여에 추가한 퇴직금은 상여금으로 간주되어 오히려 실 지급할 퇴직금이 늘어나게 됩니다.

인건비를 경비처리 하자니
4대 보험료가 부담이 됩니다

직원에게 급여를 지급하고 직원 등록을 해야 하는 경우에는, 세무서와 공단 모두에 신고를 해야 합니다. 사업주가 직원 등록을 하는 이유는 인건비를 필요경비 처리를 하기 위해서입니다. 단순히 인건비를 처리하기 위한 목적이라면. 세무서에 원천세 신고만 하여도 필요경비 처리는 가능합니다.

초보 사장님

그러면 공단에 4대 보험 가입은 하지 않아도 필요경비 처리는 가능한가요?

택스 코디

이론상으로는 가능합니다.

③ 사례를 통한 종합소득세 절세법

그러나 국세청의 전산과 공단 전산은 연동이 되기에 드러납니다. 원천세 신고를 3년간 하였다면, 추후 3년간의 4대 보험 누락 금액은 한 번에 추징을 당합니다. 또 많이 적발되는 경우는 국민건강보험공단에서 3년에 한 번씩 사업장 지도 점검을 나올 때 입니다. 종종 몇 년 치 4대 보험 누락 금액의 미납으로 사업주의 재산이 압류를 당하는 경우를 보곤 합니다. 직원 등록은 세무서와 관리공단 모두에 신고를 해야 합니다.

4대 보험은 의무 가입입니다. 4대 보험 가입 제외 대상을 제외하고는 의무 가입이 원칙입니다. 간혹 인건비를 경비 처리하기 위해서 원천세만 신고, 납부하고 4대 보험을 가입하지 않아 미납분을 한꺼번에 추징당하는 것을 보기도 합니다.

초보 사장님

4대 보험료를 줄일 수 있는 방법은 없을까요?

 택스 코디

비과세 급여를 활용하여 4대 보험료를 줄일 수 있습니다.

4대 보험료는 월급에서 비과세 급여를 제외하고 계산되기 때문에 직원의 식대나 자가운전보조금, 6세 이하 자녀 보육료, 연기보조비, 생산직 근로자의 연장근로수당 등을 이용하여 급여를 책정하면 4대 보험료를 일부 줄일 수 있습니다. 직원 수가 10인 이하의 개인사업자라면 월평균 급여가 일정금액 미만인 근로자에 대해 국민연금과 고용보험을 국가에서 지원해 주는 '두루누리' 사회보험 지원사업을 이용하는 것을 추천합니다.

초보 사장님

4대 보험 가입제외 대상은 어떻게 되나요?

택스 코디

기본적으로 1인 이상 근로자를 사용하는 모든 사업장은 4대 보험이 의무적으로 적용됩니다. 직원등록 후 4대 보험을 가입하지 않으시면 나중에 한꺼번에 추징을 당합니다. (가산세포함)

[가입 제외 대상]

한 달 근무시간이 60시간 미만인자 (1주 근로시간이 15시간 미만인자)는 의무가입 대상이 아닙니다. 그러나 1개월 이상 연속 근로 시에는 의무가입 하셔야 합니다.

초보 사장님

일용직도 4대 보험에 가입해야 하나요?

택스 코디

사업주가 일용직 인원을 고용하고 급여를 지급했다면 고용보험 및 산재보험에 가입해야 합니다. 이는 근로일수나 근로기간에 상관없으므로 유의해야 합니다. 단, 국민연금과 건강보험은 고용 계약이 1개월 이상인 경우에만 해당합니다. 건설업일 경우에는 1개월 이상이더라도 근로계약서가 없다면 월 20일 이상을 근로하지 않은 때에 한해 가입 의무가 없어집니다.

인건비를 필요경비로 처리하기 위해서는 세무서에 원천세 신고를 해야 합니다. 원천세 신고를 하게 되면 공단에서 확인이 가능하기에 4대 보험도 가입을 해야 합니다.

초보 사장님

직원이 4대 보험 가입을 원치 않네요. 좋은 방법 없을까요?

택스 코디

4대 보험은 선택이 아니고 의무가입 입니다.

직원 입장에서는 급여가 줄어드니 가입을 원치 않는 경우도 많이 발생합니다. 사업주는 필요경비 처리를 위해서는 가입을 시켜야 하고 직원은 가입을 거부하는 것입니다. 직원에게 설득이 필요합니다. 설득 시 직원의 입장에서 설득을 하는 것이 어떨까요? 내가 필요경비 처리하기 위해서라는 표현 보다 '당신이 고용보험에 가입을 하면 퇴직 시 실업급여도 받을 수 있고, 조건이 되면 자녀/근로장려금의 수령도 가능하고, 근무 중에 다치면 산재로 보험처리도 가능하다. 그러니 가입을 하는 것이 어떨까?' 하고 말이죠.

제가 경험한 바로는 설득의 시기는 면접을 볼 때가 제일 좋습니다. 근무한 기간이 길면 길수록 설득하기가 어렵습니다.

[비과세되는 근로소득]

1 실비변상적인 급여 : 일 숙박료, 여비 등

2 자가용 운전보조금 (월 20만 원 이내의 금액)

3 국외 근로소득

 - 국외에서 근로를 제공하고 받는 금액 (월 100만 원 이내의 금액)
 - 원양어업 선박, 외국항행선박의 종업원이 받는 급여, 국외 건설현장에서

 받는 금액 (월 150만 원 이내의 금액)

4 월 10만 원 이하의 식대

5 생산직 근로자의 연장시간 근로수당 등

6 기타

 장해급여, 유족급여, 실업급여 등, 근로자 본인의 학자금, 출산, 보육 수당 (월 10만 원 이내의 금액)

예를 들어, 300만 원의 급여를 받는 근로자의 경우 본인 소유의 차량을 업무에 사용하면 20만 원이 비과세 적용되고 점심 식사를 회사에서 지원하지 않는 다면 추가로 10만 원이 비과세 되고 5세 미만의 자녀가 한 명 있다면 추가로 10만 원이 비과세 적용됩니다. 따라서 40만 원의 비과세를 제외한 260만 원을 기준으로 원천징수하여 세금을 계산합니다.

인건비를 경비처리 하는 것이
손해일 수도 있습니다

 초보 사장님

인건비를 경비처리 하기 위해서 직원등록을 할까 하는데 직원이 급여가 줄어드니 꺼립니다. 아는 사장님은 자기가 직원의 4대 보험료를 대납하고 직원등록을 한다고 합니다. 인건비를 비용처리 하지 않으면 종합소득세 폭탄을 맞는다고 하는데 걱정이 이만저만 아닙니다.

택스 코디

인건비 경비처리를 위해서는 원천세를 신고, 납부해야 합니다. 그러면 4대 보험도 의무 가입이 됩니다. 4대 보험은 통상적으로 사업주가 급여의 10%, 근로자가 급여의 9% 정도를 부담합니다. 직원 입장에서는 급여의 9%를 받지 못하니 꺼릴 수도 있습니다. 그런데 무조건 인건비를 경비 처

사장님! 절세? 어렵지 않아요

리하는 것이 득일까요? 사업주가 단순경비율 추계신고 대상자라면 인건비를 경비처리 한다는 자체가 의미가 없습니다. 그리고 질문의 사례처럼 직원의 4대 보험까지 대납을 한다면 급여의 19% 정도를 사장님이 부담한다는 것인데, 만약 종합소득세 세율이 15%라면 직원 등록하는 것이 계산상으로는 손해입니다.

예를 들어 직원의 1년 급여가 2,000만 원 이고 사장님이 직원의 4대 보험까지 대납을 한다고 가정하여 계산해 보겠습니다. 종합소득세 세율을 15%라고 가정 했을 때 절세 금액(인건비를 경비 처리한 금액)은 2000만 원 × 15% = 300만 원이 됩니다. 그러나 1년 동안 4대 보험 부담 금액은 2,000만 원 × 19% = 380만 원이 됩니다.

위의 경우라면 직원 등록을 하게 되면 종합소득세는 절세가 될 수도 있으나 결론적으로 사장님은 80만 원을 손해 본 것이 됩니다.

세금은 숫자로 계산이 됩니다.
직원 등록을 할지 말지 여부는 추계신고(단순경비율) 대상인지 사장

③ 사례를 통한 종합소득세 절세법

님의 종합소득세 세율은 몇%인가에 따라서 결정하면 됩니다. 때에 따라서는 인건비 처리를 위해 직원 등록하는 것이 유리하지 않을 수도 있습니다.

4대 보험도 비용처리가 가능합니다

초보 사장님

매달 지출되는 4대 보험료도 비용처리가 가능한가요?

택스 코디

보험료도 비용의 개념이기 때문에 당연히 비용처리가 가능합니다.

고용보험은 실업급여와 고용안정 그리고 직업 능력 개발 사업을 위한 보험료, 이렇게 3가지로 나뉩니다.

실업급여 보험료는 사업주와 직원이 반반 부담하지만 고용안정과 직업 능력 개발사업을 위한 보험료는 사업주가 전액을 부담합니다.

직원 부담분에 대해서는 급여 지급 시 공제하여 지급하며 사업주가 부담한 부분에 대해서는 비용처리가 가능합니다.

산재보험은 직원 부담분이 없기 때문에 사업주가 전액 부담합니다. 모두 비용처리가 가능합니다.

국민연금 보험료는 사업주와 직원이 각각 부담합니다.
직원 부담금은 급여 지급 시 공제하여 지급하고, 사업주가 부담한 것은 비용처리가 가능합니다.
사업주 본인의 국민연금 보험료는 연금보험료 이므로 소득공제 항목에 포함되어 소득공제가 가능합니다.

건강보험료는 사업주와 직원이 반반 부담하며, 사업주가 부담한 부분은 비용처리가 가능합니다.
사업주 본인의 건강보험료는 전액 비용처리가 가능합니다.

[4대 보험요율 표] (2018년 기준)

구분	회사(%)	근로자(%)	합계(%)	비고
국민연금	4.50	4.50	9.00	상한액 - 4,490,000
건강보험	3.335	3.335	6.67	
장기요양	0.34	0.34	0.68	건강보험료의 7.38%
고용보험	0.90	0.65	1.55	
산재보험	1.21	–	1.21	업종별로 상이 (음식점 기준)
합계	10.285	8.825	19.11	

국민연금, 건강보험, 고용보험은 회사와 근로자가 같이 부담하고 있고, 산재보험은 전액 회사가 부담합니다.

접대비? 광고 선전비?

장부 작성 시 어떤 계정으로 처리를 할까? 혼란스러운 부분 중 하나가 광고 선전비와 접대비입니다. 광고 선전비는 사업과 관련된 비용으로 인정을 받아 전액 경비처리가 가능하지만, 접대비는 매출액에 연동된 한도 금액만큼만 비용으로 처리할 수 있습니다.(개인사업자는 접대비 연간 한도를 1,200만 원이라 생각하면 됩니다)

조금 쉽게 간단히 예를 들어 보면 회사 로고가 새겨진 볼펜을 불특정 인에게 나눠주면 그 비용은 광고 선전비가 됩니다. 거래처에 찾아가서 그 볼펜을 주면 접대비가 됩니다. 접대비는 거래의 원활한 지속이나 개선을 목적으로 특정인에게 지출하는 것을 말합니다. 광고 선전비는 불특정 다수를 대상으로 판매 촉진을 위해 견본품이나 사은품등을 제공하는 것을 말합니다. 복식부기의무자라서 계정을 어떻게 처리할지가 고민이 된다면 특정인은 접대비, 불특정다수라면 광고 선전비라는 계정을 이용하면 됩니다.

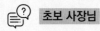

초보 사장님

거래처 직원들 밥을 사줬는데 세금 처리는 어떻게 하나
요?

택스 코디

부가가치세 매입세액공제는 안 되고 종합소득세 접대비
계정으로 비용 처리는 할 수 있습니다.

간혹 음식점에서 간이영수증을 받는 때도 있는데 종합소
득세 신고 시 1만 원 미만의 간이영수증은 비용 처리를 받
을 수 있습니다. 1만 원을 초과한다면 신용카드 매출전표
같은 적격 증빙을 발급 받아야 합니다.

③ 사례를 통한 종합소득세 절세법

복리후생비의 경비처리

　복리후생비란 직원의 복리후생을 위하여 지출하는 비용으로 근로 의욕을 고취하고, 생산성을 높이며 직원의 육체적, 정신적, 경제적 지위의 향상과 근로 환경 개선 등에 목적이 있습니다.

　복리후생비로 회계 처리를 할 때 세무상 인건비에 해당하는 경우가 있으므로 구분이 중요합니다. 그에 따른 증빙도 달라집니다.

　인건비에 해당하는 경우에는 원천징수를 하고 원천징수영수증을 보관해야 합니다. 그 외의 경우에는 자체적으로 지급품위서와 전표를 작성하여 보관하면 됩니다. 지출 비용이 3만 원을 초과하는 경우에는 적격증빙을 수취해야 합니다.

초보 사장님

직원의 의료비를 지원한 경우, 어떻게 처리해야 하나요?

택스 코디

직원의 의료비 지원금은 복리후생비로 처리하고, 그 비용은 직원의 근로소득에 합산하여 원천징수를 해야 합니다.

초보 사장님

회사 내 동호회에 지원한 비용은 어떻게 처리해야 하나요?

택스 코디

복리후생비로 처리가 가능하며, 동호회에서 사용하였다는 관련 증빙을 보관해야 합니다.

직원에게 지원하는 교육비의 경우에도 복리후생비로 볼 수가 있으며 근로소득에 합산하여 원천징수를 해야 합니다.

세법상 비과세 소득으로 보는 학자금에는 교육법에 의한 학교 및 근로자 직원훈련촉진법에 의한 직원능력개발 훈련시설의 입학금, 수업료 등을 의미합니다. 예를 들어 직원의 대학원 등록금을 지원한 경우에는 복리후생비로 처리하고, 근로소득으로 보지 않기에 원천징수를 하지 않아도 됩니다.

직원의 경조사비 또한 복리후생비로 처리하며 관련된 청첩장 등의 자료를 첨부해 보관하면 됩니다.

직원의 경조사비의 경비처리

사업과 관련된 경조사비는 경비로 인정받을 수 있습니다.

다수의 분들이 개인적으로 지출한 경조사비까지 경비로 처리하려는데 잦으면 이 역시 소명요청이 들어올 수 있습니다. 개인적인 일인지, 사업적인 일인지 어떻게 알 수 있겠느냐고 생각할 수 있지만 조금만 조사하면 금방 드러납니다.

경조사비도 다른 지출과 마찬가지로 증빙서류가 있어야 합니다. 그러나 증빙서류를 챙기기가 현실적으로 어려우므로 건당 20만 원까지는 증빙이 없어도 필요경비로 인정해 줍니다.

대신 경조사비를 지출하고 지급일, 지급 처, 지급금액에 대한 기록은 남겨두는 것이 좋겠지요?

초보 사장님

직원이 결혼을 합니다. 평소의 근태도 양호하여 축의금을 50만 원 정도를 지급할 예정입니다. 20만 원이 초과하는데 어떻게 해야 하나요?

택스 코디

본문의 설명은 경조사비를 접대비 계정으로 처리할 때를 말한 것입니다.

그러나 직원일 경우에는 20만 원을 초과해도 상관없습니다. 접대비가 아닌 복리후생비라는 계정으로 장부관리를 하면 됩니다. 소명용 증빙으로 청첩장, 경조사 지급에 관한 회사 내규, 직원의 결혼식 사진 등을 같이 관리하면 이상적입니다.

프리랜서 종합소득세 신고,
임차료 비용처리?

책을 집필하는 작가와 같은 직업들을 흔히 '프리랜서'라 일컫습니다. 프리랜서를 쉽게 정의하자면 사업자등록증이 없는 개인사업자를 말합니다.

 프리랜서

현재 글을 쓰는 작가입니다. 출판사로부터 인세를 기타소득으로 신고 후 수령하고 있습니다. 1년 수입이 크진 않고 들쑥날쑥 입니다. 대략 1,000만 원 전후의 기타소득이 발생합니다. 종합소득세를 신고해야 하나요?

택스 코디

프리랜서와 같이 기타소득을 지급받는 경우는 기타소득

금액 (기타소득 - 필요경비)이 300만 원을 초과하는 경우에 한하여 종합소득세 신고 및 납부를 하여야 합니다. 기타소득의 경우에는 소득의 60%를 필요경비로 인정해줍니다. 예를 들어 인적용역 기타소득을 지급받는 프리랜서의 경우 연간 기타소득이 750만 원 [기타소득금액 (300만 원) = 기타소득 (750만 원) - 필요경비(450만 원)]을 초과하는 경우에 종합소득세 신고를 하여야 합니다. 기타소득이 750만 원 이하인 경우에는 종합소득세 신고를 하지 않아도 됩니다.

기타소득은 대부분 일시적으로 발생하는 소득입니다. 대표적인 경우가 작가의 인세 수익, 강사의 강연료 수입 등이 해당됩니다. 작가가 출간한 책의 정가가 10,000원, 인세는 정가의 10%, 만 부가 팔렸다고 가정해 보겠습니다.

> **정가 × 판매부수 × 인세 = 인세수입금액**
> 10,000원 × 10,000부 × 10% = 1,000만 원

수입금액은 1,000만 원 입니다.

사장님! 절세? 어렵지 않아요

기타소득에 대해 세법은 근거 자료가 없어도 60%(2019년부터는 60%)를 비용으로 인정하여 줍니다. 따라서 수입금액 1,000만 원에 대한 필요 경비는 600만 원이 되고, 소득금액은 400만 원이 됩니다. 기타소득에 대한 원천징수 세율은 22%입니다.

400만 원 × 22% = 880,000원

88만 원은 수입금액의 8.8%에 해당됩니다. 편의상 수입금액의 8.8%를 기타소득의 원천징수세율로 보아도 무방합니다. 출판사는 최작가의 인세 수익을 정산 시 88만 원을 제외한 912만 원을 지급하면 됩니다.

기타소득금액이 3백만 원 이하인 경우에는 납세자는 분리과세와 종합과세를 선택할 수가 있습니다. 3백만 원을 초과하는 경우에는 종합소득세 신고를 별도로 해야 합니다.

2019년부터는 기타소득에 대한 필요경비 산정률이 60%로 조정이 됩니다. 2019년 기타소득으로 총 수입금액이 750만 원이 발생하였으면, 필요경비는 750만원 × 60% = 4백5십만 원이 계산됩니다.

> **수입금액 − 필요경비 = 소득금액**
> 750만 원 − 450만 원 = 300만 원

2019년 이후부터는 기타소득에 의한 총 수입금액이 750만원을 초과하면 종합소득세 신고를 별도로 해야 합니다. 편의상 수입금액의 8.8%를 원천징수세율로 적용하면 됩니다.

프리랜서

집에서 집필을 하는 경우도 있지만 임차료를 지불하면서 따로 작업실에서 집필을 하는 경우도 있습니다. 작업실에 지불된 임차료를 비용처리 할 수 있을까요?

택스 코디

프리랜서란 개인이 물적 시설 없이 근로자를 고용하지

않고 독립된 자격으로 용역을 공급하고 대가를 받는 인적 용역제공자를 말합니다. 여기서 말하는 물적 시설이란 반복적으로 사업에 이용되는 건축물, 기계 장치 등의 사업 설비를 말합니다. 물적 시설 없이 용역을 제공하는 사람이 프리랜서이므로, 원칙적으로는 임차료를 비용으로 처리가 불가합니다.

Tax Tip

프리랜서가 사업자등록을 하는 경우에는 임차료가 비용 처리가 가능합니다. 그러나 사업자등록을 하였기에 부가가치세 신고를 해야 합니다.

증빙불비가산세를
납부하지 않아도 되는 경우

종합소득세의 필요경비처리는 부가가치세와 달리 적격증빙이 아니어도 처리가 가능합니다.

단 3만 원 이상을 처리할 경우(접대비는 1만원)에는 증빙불비가산세를 2% 추가 납부해야 합니다.

 초보 사장님

초기자본이 부족하여 인테리어를 하고 세금계산서를 안 받았을 경우 어떤 문제가 발생할까요?

 택스 코디

이 인테리어 비용을 세법상의 비용으로 인정받기 위해서는 세금계산서, 신용카드, 현금영수증 등의 증빙이 있어야 합니다. 매입세액을 지불하지 않고 세금계산서를 받지 않았다면 세법에 따라 2%의 증빙불비가산세를 납부하면 종합소득세 신고 시 필요경비처리가 가능합니다. 이때에도 계약서, 거래이체내역 등의 소명용 증빙은 있어야 합니다. 일반과세자라면 매입세액을 별도로 지불하고 세금계산서를 수령하는 것이 계산상 유리합니다. 간이과세자라면 매입세액을 지불하지 않고 세금계산서를 수령하지 않는 것이 계산상 유리합니다.

초보 사장님

증빙불비가산세를 납부하지 않아도 되는 경우가 있나요?

택스 코디

해당 과세기간에 신규로 사업을 개시한 자, 직전 과세기간의 사업소득 수입금액이 4,800만 원에 미달하는 경우에는 증빙불비가산세를 부담하지 않아도 됩니다. 이런 경우에도 사업의 지출임을 증명하는 소명용 증빙은 가지고 있어야 합니다.

배우자 명의의 차, 비용 처리?

 초보 사장님

경영난 악화로 저의 차를 팔고 배우자 명의의 차를 사업용으로 쓰고 있습니다. 비용처리가 가능한가요?

 택스 코디

조금은 난해한 상황입니다. 사업자 본인 명의가 아니고 배우자 명의의 차를 이용한 경우는 사실 판단의 문제가 적용되니 말입니다.

 초보 사장님

그렇게 따지면 렌트카도 사업주 명의가 아니니 비용처리가 불가능한 것 아닌가요?

렌트카의 개념은 조금 다릅니다. 왜냐하면 렌트카는 처음부터 대여를 목적으로 한 차량 입니다. 위의 경우와는 상황이 조금 다릅니다. 일단 결론은 명백히 사업용 관련 지출이라면 필요경비로 처리가 가능합니다. 허나 문제는 세무서에서는 관심 있게 지켜볼 여지는 있습니다. 이런 식이죠. 자기 명의의 차는 분명히 없는데 차량유지비라는 계정으로 비용처리를 하니 가공경비일거라는 오해의 여지는 충분히 있습니다. 그러기에 추후 관련근거의 소명을 요구할 수 있습니다.

국세기본법 제 14조 실질과세의 원칙 1항을 보면 '과세의 대상이 되는 소득, 수익, 재산, 행위 또는 거래의 귀속이 명의일 뿐이고 사실상 귀속되는 자가 따로 있는 때에는 사실상 귀속되는 자를 납세의무자로 하여 세법을 적용한다.' 라고 규정합니다. 2항에는 '세법 중 과세표준의 계산에 관한 규정은 소득, 수익, 재산, 행위 또는 거래의 명칭이나 형식에 불구하고 그 실질 내용에 따라 적용한다.' 라고 규정합니다.

쉽게 풀이하면 실질과세원칙에 의거하여 명의가 다르다 할지라도 실질 사용자가 사업자라면 그 실질 내용에 따라 사업자가 사용자로 볼 수 있다는 것 입니다. 사실 판단의 기준이 서로의 입장차가 발생할 수 있습니다. 그러기에 비용처리를 꼭 해야 할 경우라면 그 차량을 사업용으로 사용했다는 명확한 근거와 함께 그 비용처리를 함에 있어 사업자 명의의 신용카드로 결제한 영수증, 사업용으로 운행을 하였다는 차량운행일지 등의 소명용 증빙을 꼭 갖추어야 할 것 입니다.

분명 다툼의 여지는 있습니다. 관련 증빙을 잘 갖춘다면 비용처리를 해도 무방합니다.

신용카드 수수료의 비용 처리

요즘 현금을 들고 다니는 일이 거의 없습니다. 심지어 플라스틱 신용카드도 들고 다닐 필요가 없습니다. 휴대폰에 신용카드 등록을 하고 페이로 결제를 하면 되니, 세상은 점점 더 편안해지고 있습니다. 세무적인 관점에서는 좋은 현상은 결코 아닙니다. 그만큼 드러나는 매출이 점점 더 많아지기 때문입니다. 소비자가 신용카드로 결제를 하면 그 신용카드사에서는 신용카드수수료를 제외한 금액을 사업주의 통장으로 입금합니다.

초보 사장님

이러한 수수료도 모이면 꽤 큰 금액인데 비용처리가 가능하나요?

택스 코디

네, 가능합니다.

신용카드 매출 규모가 큰 업장일수록 수수료 또한 많이 발생합니다. 예를 들어 연 매출이 10억 정도 되는 음식점이고, 신용카드 수수료가 1,600만 원 정도 발생되고 이 사업장의 세율구간이 40%라고 가정하면 대략 640만 원 정도의 세금을 줄일 수 있습니다. 많은 사업주들이 신용카드 수수료를 비용처리 하지 않고 있습니다. 심지어 세무대리인을 고용하는 데도 말이죠. 한 번 더 강조하지만 세무대리인들은 사업주가 제출한 증빙을 토대로 대리 신고만 할 뿐입니다. 애초에 사업주가 신용카드 수수료 내역서를 주지 않으면 그들이 먼저 '사장님, 신용카드수수료도 비용처리가 되는데 왜 빠져있나요?'라고 하는 경우는 극히 희박합니다.

초보 사장님

신용카드수수료 또한 잘 챙겨야 하겠네요. 어디서 확인
할 수 있나요?

택스 코디

각 카드사별로 요청을 하거나 매출에서 입금내역을 빼는
방법, 여신금융협회에서 확인하는 방법 등이 있습니다. 여
신금융협회 홈페이지에서 '카드매출조회 ▶ 매출장부 ▶ 매출/
입금조회' 이런 순으로 확인하면 됩니다.

사업을 시작하거나 운영하는 도중에 자금이 부족하면 일반적으로 금융기관을 통해 대출 받게 됩니다. 대출을 받게 되면 당연히 원금과 이자를 상환 합니다. 대출 원금은 비용처리가 불가능하고 이자는 비용처리가 가능합니다. 대출 이자가 비용으로 인정받으려면 아래의 요건이 필요합니다.

1. 장부기장

이자로 지출한 내역을 증빙서류로 갖추고 장부 기장을 통한 신고를 해야 합니다.

2. 대출금이 자산금액을 초과하지 않을 것

부채가 사업용 자산을 초과하는 경우에는 그에 따른 이자는 비용처리 되지 않습니다. 공동명의의 출자금 성격의 대출이자는 경비로 인정되지 않습니다.

여비, 교통비의 증빙

초보 사장님

직원의 지방 출장 시에 지출증빙이 없어도 회사 내규에 관련하여 정액으로 출장비를 지급한다면 필요경비 처리가 가능한가요?

택스 코디

사업에 관련하여 직원이 지방 출장을 간 경우라면 직원의 교통비, 숙박비, 식대 등이 회사의 출장비 지급규정 및 출장비정산서 등의 객관적인 장부에 의하여 출장업무에 관련한 비용임을 입증이 가능한 경우라면 내규에 관련한 정액으로 지급한 것도 가능합니다. 그렇다고 하더라도 터무니없는 금액은 곤란합니다. 사회 통념이 허락하는 금액 안에서 가능합니다. 관련 장부에 출장을 간 지역 식당의 간이영수증 같은 소명용 증빙이 있다면 관련 경비를 처리함에 있어 더 확실한 증빙이 됩니다.

여비, 교통비의 지출은 '여비, 교통비 지급규정'을 작성하는 것이 바람직합니다. 지급규정이 있더라도 지출에 대한 적격증빙을 수취해야 하며, 적격증빙을 수취할 수 없는 경우라면 지출결의서, 여비, 교통비명세서, 출장신청서, 출장계획서 등의 소명용 증빙을 기록해야 합니다.

국내출장비의 경우에는 회사의 출장비규정에 따라 정액으로 지급되어도 필요경비 처리는 가능하나 목적지, 업무내용, 출장비수령인이 기재된 지출결의서나 여비교통비명세서를 기록, 보관해야 합니다. 원칙은 3만 원을 초과하는 경우 적격증빙을 수취해야 하지만 회사 지급규정에 따라 정액으로 지급되는 일비는 적격증빙을 수취하지 않아도 무방합니다.

출장 중 항공요금, KTX요금, 고속버스요금, 철도요금 등은 세금계산서를 발행할 수 없는 업종이므로 적격증빙을 수취하였다 하더라도 부가가치세 매입세액공제는 받을 수가 없습니다. 종합소득세 필요경비 처리만 가능합니다.

건물주가 간이과세자일 경우 세금 처리

 초보 사장님

건물주가 간이과세자입니다. 어떻게 하나요? 건물주가 간이과세사업자이면 부가가치세 신고 시 매입세금계산서를 받을 수 없나요?

 택스 코디

건물주가 간이과세 사업자이면 세금계산서를 발행 할 수가 없습니다. 그렇기 때문에 부가가치세 신고 시 매입세액공제를 받을 수가 없지요. 하지만 종합소득세 신고 시 경비로는 인정을 받을 수 있습니다.

예를 들어 월세100만 원에 부가가치세10만 원, 총 110만 원을 준 경우라면, 세금계산서를 받으면 부가세10만 원과 소득세6만 원 (소득세율을 6%라 가정하면)만큼 총 16만 원이 공제가 됩니다. 세금계산서를 받지 못하면 부가가치세 공제는 없고 종합소득세 6만6천 원 (110만 원×소득세율 6%라 가정)만이 공제가 되는 거지요.

쉽게 정리하면 건물주가 간이과세 사업자일 경우에는 부가가치세 매입세액공제는 되지 않고 종합소득세 비용처리만 가능합니다. 소명용 증빙은 '임대차계약서, 건물주명의 통장으로 임대료 이체내역'입니다. 결국 세금계산서를 받는 것이 유리하지만 건물주가 간이과세 사업자라면 세금계산서 발급자체가 안 된답니다.

자체 생산 제품을 거래처에
선물로 주었을 때 세금 처리

접대비란 사업상의 이유로 거래처 등에 선물이나 식대 등을 지출하는 비용을 말합니다. 접대비는 소비 향락적인 지출로 보기에 세법에서는 일정 사용 한도를 두고 있고, 한도를 초과하는 경우에는 비용 처리가 불가합니다. 또한 부가가치세 매입세액공제도 받을 수 없습니다.

 초보 사장님

의류 제조업을 운영하고 있습니다. 거래처에 자체 생산한 의류를 선물하고자 합니다. 세금 처리는 어떻게 해야 하나요?

 택스 코디

예를 들어 당사의 제품(원가: 10만 원, 판매가: 20만 원)을 거래처에

선물을 하였다고 가정하면, 종합소득세 신고 시 접대비라는 계정으로 12만 원(원가 10만 원 + 부가가치세 2만 원)을 비용 처리가 가능합니다.

세법에서는 무상으로 증정을 하였다 하더라도 제품을 팔았을 때와 같이 해당 제품에 대한 처분 이익만큼 부가가치세를 내도록 합니다.

 초보 사장님

이번 명절 거래처에 상품권을 선물하고자 합니다. 증빙은 어떻게 챙겨야 할까요?

 택스 코디

상품권은 재화나 용역의 제공이 아니기 때문에 일반적으로 세금계산서나 현금영수증 발행 대상 거래가 아닙니다. 따라서 현금을 주고 상품권을 구입하는 것이 일반적입니다. 현금을 주고 1만 원 이상을 구입 할 경우, 적격증빙을 수취하지 못하면 접대비로 경비를 인정받을 수 없습니다. 그러나 법인신용카드, 개인사업자 명의의 사업자 신용카드로 상품권을 구입하게 되면 적격증빙을 수취한 것으로 보아 접대비로 인정받을 수 있습니다. 상품권 판매처에서 카드 구매를 거부하는 곳도 있으니 사전에 확인 전화는 필수입니다.

절 세 는

아 는 만 큼

이 루 어 진 다

알고 부리는
세무대리인
사용법

④

기장, 기장료, 조정료, 신고대행 수수료

'기장'은 장부를 작성한다는 뜻입니다.

'기장료'는 세무대리인에게 장부 작성을 의뢰하고 일정한 수수료를 매달 지급하는 장부 작성 수수료입니다. (영세 자영업자 기준 매달 10만 원 내외의 기장료를 지급할 것 입니다.)

'조정료'는 소득세 신고 때 세무조정을 한 후에 신고해야 하므로 이를 조정료라 부릅니다. 일 년에 한 번만 합니다. (영세 자영업자 기준 종소세 신고 시 30~50만 원 정도를 추가로 지급할 것 입니다.)

'신고대행수수료'는 부가가치세, 종합소득세 신고 기간에만 잠깐 신고대행을 의뢰하는 상황에 해당합니다.(영세 자영업자 기준 부가세신고 시 : 5~10만 원, 종소세신고 시 : 30~50만 원 정도를 지급할 것 입니다)

1년 동안 기장료 120만 원 전후, 조정료 50만원 전 후, 약 170

만 원 정도를 세무대리인의 비용으로 지급합니다. 10년이면 1,700만 원 가까이를 지급합니다. 결코 작은 돈이 아닙니다. 어렵게 번 돈 세무대리인을 꼭 써야 한다면 기억하세요. '모르고 맡기는 것, 알고 부리는 것'은 큰 차이가 있습니다.

[개인사업자 세무대리 보수 기준표]

수입금액	월 기장료 (부가가치세 별도)	종합소득세 조정료
1억 미만	120,000원	300,000원
1억~3억	150,000원	300,000원+1억 초과액×15/10,000
3억~5억	200,000원	600,000원+3억 초과액×12/10,000
5억~10억	250,000원	840,000원+1억 초과액×10/10,000
10억~20억	300,000원	1,340,000원+10억 초과액×6/10,000
20억~30억	400,000원	1,940,000원+20억 초과액×3.5/10,000
30억~50억	500,000원	
50억 초과	600,000원 ~	2,990,000원+50억 초과액×2.5/10,000

※ 단순한 참고용 자료일 뿐입니다.

자신이 고용한 세무대리인의 매월 기장료, 종합소득세 신고 시 조정료가 적당한가를 묻는 질문들을 자주 합니다. 식당에서 밥을

📋 알고 부리는 세무대리인 사용법

먹었는데 비용이 아까운 집이 있습니다. 반면에 팁이라도 주고 싶은 집도 있습니다. 스스로가 음식에 대한 비용의 기준이 있기 때문입니다. 세무도 마찬가지 입니다. 사업주가 어느 정도 세무 상식은 갖추어야 비용의 기준이 정해집니다. 세무 상식이 없는 상태에서 지급하는 세무대리인의 보수가 적당한가의 질문은 의미가 없습니다. 신고는 해야 하고 아는 것은 없으면 그들이 달라는 대로 주는 것이 맞지 않을까요?

세무대리인을 고용하는 방법 중의 하나가 신고대행 수수료를 지불하고 신고만 대행하는 방법이 있습니다. 보통 부가가치세 신고대행은 10만 원 정도를 지불합니다. 신고대행을 위탁 받은 세무대리인들은 사업주가 제출한 증빙자료를 근거로 신고만 대행 합니다.

사업을 처음 시작하는 분 중 이런 분들이 제법 있습니다. 본인의 1년 치 신용카드 내역을 몽땅 출력해서 갖다 주는 경우가 있습니다. 그 내역 중에는 사업에 관련한 지출도 있을 것이고, 개인적인 용도로 쓴 지출도 있는데 과연 세무대리인이 10만 원 정도의 대행료만 받고, 그 귀찮은 작업을 대행해줄까요? 세무대리인들은 정리가 된 적격증빙(사업에 관련된 지출)만을 요구하는 것입니다. 그런 이유로 신고대행을 의뢰하는 사업주는 최소한 적격증빙에 대해선 알아야 하고 적격증빙을 수취하는 방법과 기록, 관리하는 방법 또한 당연히 숙지해야 합니다.

적격증빙을 매입장부등을 통해 잘 기록해 놓았다면, 그 기록들을 제출하여도 신고하는 데는 아무 지장이 없습니다. 세금계산서를 포함한 어떠한 영수증도 줄 필요가 없습니다. 홈택스 셀프신고를 한번이라도 해본 경험이 있다면 왜 영수증은 필요가 없는지 이해가 빠를 것 입니다. 홈택스 신고든, 서식에 의한 신고든 영수증을 첨부하여 제출하는 것이 아니고 기록들을 각각의 칸에 맞게 적어내기만 하면 됩니다.

그렇게 어려운 일이 아닌데 굳이 신고대행수수료를 지불하고 그들을 고용할 필요가 있을까요? '부가가치세 = 매출세액 - 매입세액' 이 공식으로 끝나는데 말이죠.

4 알고 부리는 세무대리인 사용법

신고 대리, 기장 대리, 기장세액 공제

세무사들은 그들끼리 이런 말을 자주 합니다.

'우리 사무실은 기장 대리 업체 200곳과 신고 대리 업체 100곳의 거래처를 가지고 있어.'

기장 대리? 신고 대리?

그들을 알고 부리려면 그들의 용어에도 익숙해 져야 합니다. '신고대리'란 부가가치세 신고, 종합소득세 신고 시 신고대행수수료만 받고 신고만 대리해주는 것을 말합니다. '기장대리'란 매달 기장료를 받고 복식부기장부 작성을 하고, 신고 시 대리해주는 것을 말합니다. (그들은 기장대리를 하더라도 종합소득세 신고 시 별도의 조정료를 받습니다)

매달 영수증을 제출하는 것도 아닌데 매월 기장을 해준다고? 그들은 매달 장부를 작성하지 않고 몰아서 한꺼번에 처리합니다. '그러면 기장 대리와 신고 대리가 무슨 차이가 있어?' 기장 대리를 맡기면 복식부기 방식으로 장부를 작성합니다. 복식부기 장부를 작성하기 위해서는 회계를 알아야 하기 때문에 회계 지식이 없는 사람들은 힘이 듭니다. 그러므로 복식부기의무자가 되면 세무대리인을 쓰는 것이 맞다 고 생각합니다.

'난 간편장부 대상자인데?'

간편장부 대상자인데 매달 기장료를 주고 있다면, 이번 종합소득세 신고 시 하나만 확인하면 됩니다. 기장세액공제를 받았는지 여부를 확인해야 합니다. 우리나라 세법에서는 간편장부 대상자가 복식부기 장부를 작성하여 종합소득세 신고를 하면 기장세액공제라는 명목으로 산출된 세액의 20%를 공제해주는 제도가 있습니다. 최대 공제한도는 100만 원입니다. 꼭 확인해야 할 사항입니다.

세무대리인을 쓰고 있나요? 알고 부려야 절세로 연결이 됩니다.

④ 알고 부리는 세무대리인 사용법

진짜 절세!

'세무대리인을 고용 중이니 난 세무에 대해서 신경을 쓰지 않아도 된다. 그들이 전문가이니 알아서 잘 해줄 것이다.' 라고 생각하는 사장님들이 너무 많습니다. 부가가치세를 구하는 공식을 한번 살펴보겠습니다.

'부가가치세 = 매출세액 - 매입세액' 이란 공식이 전부입니다.
세무대리인을 고용하든. 직접 신고하든 공식은 동일합니다. 그러한 이유로 조금만 공부를 해서 상식이 있다면 '세무대리인이 신고하는 것이 무조건 세금이 적게 나온다.'라고 생각하는 것은 잘못된 생각입니다.

부가가치세는 매입세액이 많으면 세금이 적게 나오는 구조를 가지고 있습니다. 만약 매입세액이 매출세액보다 크다면 환급을 받는 것 입니다. 매입세액을 많게 하려면 매입세액공제를 받을 수 있는 적격증빙을 많이 갖추면 됩니다. 세무대리인을 고용하는 경우에는 그 적격 증빙들을 잘 갖추어 전달하면 세무대리인이 대리신고를 합니다. 최초 적격증빙을 갖추는 것은 사장님의 몫입니다.

적격증빙이 많으면 세금은 적게 나오는데 세무대리인의 일은 늘어나는 구조를 취하고 있습니다. 적격증빙을 많이 처리한다고 세무대리인의 보수가 늘어나지는 않습니다. 심지어 요즘 회계사무실이 많이 늘어나 기장료가 줄어드는 구조이다 보니 그들 입장에서는 '기장료를 올려 달라,'고 말하기도 쉽지 않습니다. 사장님들의 세무 상식이 생겨서 관련 증빙을 많이 수취하면 세무대리인의 일거리는 늘어나는 구조이기에, 그들이 먼저 관련증빙의 수취를 잘 하는 방법을 먼저 말해주지 않습니다. 그런데. 많은 사장님들은 단지 그들이 전문가이기에 막연히 그들에게 맡기면 세금이 적게 나올 것이라고 믿고 있습니다.

진짜 절세는 사장님들이 공부를 하여 관련 증빙을 잘 수취하여 고용한 세무대리인을 잘 부릴 때 이루어지는 것입니다. 그리고 그 증빙들이 잘 처리되어 매입세액공제를 받았는지 확인은 필수입니다. 부가가치세를 구하는 공식은 너무나 간단하기에 굳이 세무대리인을 거치지 않아도 조금만 공부하면 쉽게 혼자서 신고도 가능합니다. 세무대리인을 고용하더라도 기본적인 증빙을 갖추는 세무 상식 정도는 필수입니다. 세무대리인을 고용한다고 절세는 이

4 알고 부리는 세무대리인 사용법

루어 지지 않습니다.

잘 부려야 절세는 이루어집니다.

알고 부려야 절세입니다

개인사업자의 세금은 크게 두 가지로 나눕니다.

하나는 부가가치세, 또 다른 하나는 종합소득세 입니다.

세금은 번 돈에서 벌기 위해 쓴 돈을 차감하는 방식이라고 이미 몇 번을 얘기하였습니다.

이런 세금에는 숨겨진 함정이 있습니다. 과세기간과 신고/ 납부 기간이 다르다는 큰 함정이 있습니다. 예를 들면 종합소득세의 과세기간은 전년도 이고, 신고기간은 올해 5월 31일까지입니다. 때문에 신고가 임박해서는 할 수 있는 일이 없습니다. 많은 사람들이 신고 기간을 앞두고 '어떻게 해야 할까?'를 문의합니다.

절세는 미리 알고 대비할 때 가능합니다. 아무리 유능한 세무대리인을 고용하더라도 신고기간이 임박해서는 아무 것도 할 수 있는 것이 없습니다. 많은 사장님들이 신고, 납부 고지서가 날아오기 전까지 어떤 세금을 얼마나 내야 하는가를 모릅니다.

④ 알고 부리는 세무대리인 사용법

혹시 세무대리인을 쓰고 있나요?

바람직한 세무대리인 사용법에 대해 간단히 알려 드리겠습니다.

1 사전에 내야 할 세금을 대략 미리 계산해본다.

2 신고 전 세무대리인이 계산한 세금과 비교를 해본다.

3 내가 계산한 금액과 세무대리인이 계산한 금액의 차이가 발생하면 꼭 이유를 알아낸다.

위 세 가지 방법을 순서대로 하고 있다면, 당신은 최고의 절세를 하는 것입니다.

세무대리인을 춤추게 하는 방법

세무대리인이 사장님을 위해 밤을 새우며 일을 한다 생각해 보세요. 사장님의 뒤죽박죽인 증빙들을 밤을 새우며 사업관련 지출만을 따로 구분하고 혹 개인관련 지출인지 사업관련 지출인지 헷갈리는 경우도 사업관련 지출처럼 만들어 주고 오로지 사장님의 편에 서서 최대의 절세 방법을 연구합니다.

과연 그럴 수 있는 방법이 있을까요?

네. 분명 그럴 방법은 존재합니다. 눈치가 빠른 당신이라면 '정답'하고 외쳤을 것 입니다.

세무대리인이 당신을 위한 최고의 절세 파트너로 만들 수 있는 방법은 바로 '돈'입니다.

그들 역시 돈을 벌기 위해 선택한 직업이니까요. 매월 기장료를 10만 원 정도를 지급하는 사장님께는 결코 일어날 수 없는 일입니다. 혹 그 이상을 바라나요? 그러면 매월 한 100만 원 정도의 기장료를 지불하세요. 그럼 최고의 파트너로 변신할 것입니다. 글을 쓰면서도 이 씁쓸한 기분은 뭘까요? 자본주의 아래에서는 어쩔 수 없는 일이란 걸 알면서도…

최고의 서비스를 원하나요? 최고의 보수를 지급하면 됩니다.

안 그러면 배워야합니다. 어렵지 않습니다. 합리적인 돈의 사용법을 배워야합니다. 사업을 하면서 이렇게 어려운 시기에 지출을 줄이는 것도 중요하지만 과세유형에 맞는 지출을 하여 절세를 하는 것 또한 매우 중요합니다. 배우는 것이 싫다면 세무대리인에게 평균 보수의 10배 정도 지불하세요. 그러면 사장님의 세무대리인은 춤도 출 것입니다.

세무사 기장대리 언제 맡길까요?

세무사, 회계사는 자타공인 세무 전문가들 입니다.

그들은 말합니다. 세무사 한 명이 세금의 모든 부분을 완벽히 안다는 것은 불가능하다고 얘기합니다. 의사들도 전공 분야가 있듯이 세무사들도 전문 분야가 있습니다. 크게 3가지(기장대리, 재산제세, 세무조사)로며 나눈다고 합니다.

첫 번째는 기장대리 입니다.

사업자의 부가세, 원천세, 소득세, 법인세 신고를 대리하는 것을 말합니다.

두 번째는 재산제세 입니다.

부동산과 관련한 양도소득세 및 상속, 증여세가 해당 됩니다.

세 번째는 세무조사 입니다.

세무조사 업무로 인한 매출이 거의 대부분을 차지한다고 합니다.

④ 알고 부리는 세무대리인 사용법

꼭 세무대리인을 써야 하는 상황이 온다면 해당 업무를 전문적으로 처리하는 곳을 찾아가세요. 저는 개인사업자는 복식부기의무자로 판정 되면 세무대리인에게 기장대리 업무를 맡기기를 권합니다. 그러나 요즘은 회계프로그램이 좋아져서 복식부기의무자로 판정되더라도 복식부기장부 프로그램을 사용한다면, 직접 하시는 것도 괜찮습니다. 외부조정대상자로 판정되면 무조건 세무대리인을 써야 합니다. '회계사무실 언제 부터 거래해야 하나요?'라는 질문을 자주 받습니다. '당신이 얼마나 알고 있느냐'에 따라 답은 달라집니다. 저는 '외부조정대상자로 판정되면 그때부터 이용하세요.'라고 답을 하고 싶습니다.

세무사, 회계사무실의 과다 경쟁

세무사

기장료와 조정료는 세금신고를 목적으로 장부를 작성하고, 그에 따라 부가가치세, 인건비, 종합소득세를 문제없이 신고하는 데 드는 비용 그 이상도 이하도 아닙니다. 저희의 서비스의 범위는 여기까지입니다. 하지만 많은 고객이 기장대리 계약을 하고 나면 경리 직원이 한 명 새로 생긴 것처럼 생각을 합니다. 어떤 분은 민원서류 업무를 대행시키기도 하고, 거래처 미수금을 저희에게 물어보는 경우도 가끔 있습니다. 저희가 그런 업무를 할 수도 있지만, 거래처로부터 받은 기장료와 조정료가 너무 적어 수익성에 맞지 않습니다. 야박하다고 생각할 줄 모르지만 저희는 자원 봉사자가 아닙니다.

택스 코디

사업자들이 그렇게 요구하는 이유가 무엇일까요?

세무사

저희 책임이 큽니다. 기장 영업이 치열해지다 보니 계약을 맺기 위해 이것저것 모두 해주겠다고 하는 경우가 많습니다. 그런 이유로 계약서상의 업무 범위도 세세하게 설명해주지 않습니다. 나중에 업무 범위에 대한 오해가 생기는 것은 필연적일 수도 있습니다.

택스 코디

어딜 가나 치열한 경쟁이니 이해는 갑니다. 보다 나은 서비스를 위해서 기장료를 높게 받는 것도 방법이 되지 않을까요?

세무사

고급 기장이나 회계아웃소싱이라는 이름으로 경리 직원을 대체하는 수준의 업무를 제공하기도 합니다.
물론 일반적인 기장료 보다는 수수료는 몇 배 더 비쌉니다.

택스 코디

결국은 수수료의 문제이군요. 사업주와 세무사의 적절한 접점을 찾길 기원합니다.

조정료로 딜을 하라

초보 사장님

작년 간이과세자로 사업을 시작하여 2억3천만 원 정도 매출이 발생하였습니다. 세무대리인을 고용 중인데 예상되는 종합소득세가 1,100만 원 정도 나올 것 같다고 합니다. 추가로 30만 원 정도의 비용을 주면 종합소득세가 낮아진다고 하는데 얼마가 줄어드는 건가요?

택스 코디

세금은 아는 만큼 줄어듭니다. 고용한 세무대리인의 능력이 아니라 사업자 본인이 얼마만큼 세무 상식이 있는지 여부에 따라서 세금은 줄어듭니다. 몇 줄의 질문만으로 업종이 무엇인지, 매입 자료는 얼마나 있는지, 등 세금 계산을 하기 위해서 기본적으로 알아야 될 것이 많은데 현재 질문에 나와 있는 내용은 작년 한해 매출뿐입니다. 기본적으로 기장료, 조정료, 신고대행수수료에 대한 개념을 알아야 합니다. 질문의 내용 중 추가 비용 30만 원은 종합소득세 신고 시 지불되는 조정료 인 듯합니다. 고용한 세무대리인이 1,100만 원 정도 종합소득세가 예상된다고 하였는데, 저 역시 그런 경험이 있습니다. 그런데, 여기서 합리적인 의문이 발생합니다. 저의 관련 글을 읽어 보면 조금 더 이해가 쉬울 것 입니다.

과연 세무대리인이 얘기하는 1,100만 원은 맞는 금액일까?

세무 공부를 하여 세무 상식이 있는 사장님이라면 부가가치세, 종합소득세를 사전에 계산해 볼 수 있습니다. 만약 저 같으면 사전에 계산을 미리 해 보겠습니다. 만약 사전 계산한 금액이 800만 원 정도라고 가정을 해보겠습니다. '세무사님, 제가 사전에 대략 계산을 해 보니 800만 원 정도 나오는데 300만 원 정도 차이가 왜 발생하였을까요? 종합소득세는 적격증빙이 아닌 소명용 증빙이더라도 증빙불비가산세를 물면 필요경비처리가 가능하다고 알고 있는데 제대로 계산한 것 맞나요?' 이렇게 되물었을 것 같습니다.

모르고 맡기는 것과 알고 부리는 것의 차이는 실로 큽니다.

만약 위의 경우처럼 되물었다면 세무대리인이 사장님을 바라보는 시각은 완전히 달라질 것입니다. 더불어 이렇게 얘기하겠죠. '다시 계산해보고 연락드리겠습니다.' 종합소득세는 부가가치세와 달리 소명용 증빙이더라도 필요경비처리가 가능하기에 세무대리인이 할 수 있는 일이 생각보다 많습니다. 돈이 안 되고 귀찮아서 적당히 해주는 것입니다.

조정료로 딜을 하세요.

주의할 점은 사전에 대략이라도 먼저 계산을 해 보고 나서야 합니다. 예상되는 종합소득세가 800만 원 정도라면 이렇게 부탁을 해보세요. '조정료를 100만 원 줄 테니 종합소득세를 400만 원에 맞춰줄 수 있습니까?' 세무대리인은 100만 원을 받으니 좋고 사장님은 종소세가 줄어드니 좋고 이것이 윈 윈 입니다.

세금 탈세 연예인 방송 하차,
그도 세무대리인을 고용하였는데

'난 최고의 세무대리인을 쓰니 세금은 적게 나오는 것이 당연한
거 아냐?'

이런 생각을 하는 사람들이 많습니다. 그 중에는 연예인들도 다
수 있습니다. 한 번씩 누구 연예인이 탈세로 방송 하차를 했다는
뉴스를 접합니다. 그들은 최고의 세무대리인을 고용 했을 텐데,
왜 이런 일이 발생 했을까요? 모르고 맡긴 결과 입니다. 그들도 세
무대리인을 고용 전에 한마디 했겠지요. '세금은 무조건 적게 나
오게 해주세요.'

세무대리인은 대리 신고를 하는 업무를 하는 사람들입니다. 사
업주로 넘겨받은 증빙을 토대로 대리 신고를 할 뿐입니다. 간혹 수
임료를 넉넉하게 받아서 가공 경비를 만들어 세금을 줄여 주었다
고 칩시다. 그러면 세금은 그만큼 줄겠지요. 허나 그로 인해 발생
한 문제는 그들이 책임지지 않습니다. 세무 상식이 없는 상태에서

무작정 세금을 줄여 달라고 요구하는 것이 엄청난 결과를 초래하기도 합니다.

배워야 하고 알아야 합니다!

많이 알 필요도 없습니다. 올바른 증빙을 제출할 줄 알아야 하고, 세무대리인이 신고한 것이 바르게 신고 되었는가를 확인할 줄 아는 정도의 지식은 있어야 합니다. 회계사 시험을 치는 것이 아니기에 생각만큼 어렵지 않습니다.

세무대리인을 고용 중이나요?

신고 전 꼭 검증을 하세요. 내가 힘들게 마련한 증빙들이 잘 처리되어 있는지 확인은 필수입니다. 알고 부릴 때 세무대리인한테 지급 한 수수료가 아깝지 않은 것이 됩니다. 그것이 곧 절세입니다.

회계사무실의 전형적인 고객 유치법

 초보 사장님

작년에 간이과세자로 사업자등록을 음식점 업으로 시작하였습니다. 작년 신고 된 연 매출 1억 원입니다. 매입 자료는 3천만 원 정도 됩니다. 매입이 너무 적어서 종합소득세가 많이 나올듯하여 주변 회계사무실에 상담을 받아보니 추계신고를 하면 종합소득세가 5백만 원 정도 나온다고 합니다. 자기들이 아니면 천만 원 이상도 나온다고 합니다. 주변에 장사하는 지인들은 그 정도는 나올 수 없다고 합니다. 뭐가 맞는 건지?

택스 코디

세금은 숫자로 표현되기에 정확한 정보만 있다면 계산이 가능합니다.

종합소득세를 줄이기 위해서는 필요경비가 많아야 하고 소득공제 항목이 많아야 하고 세액공제항목까지 많으면 종합소득세는 줄어듭니다. 작년 기준으로 대략적인 매입, 매출만 나와 있기에 정확한 답을 줄 수가 없습니다.

몇 가지 가정을 해보겠습니다. 음식점 업인데 한식점 업(단순경비율 89.7%)으로 가정하고 배우자만 있고 다른 소득공제, 세액공제 항목은 없다하고 계산해보겠습니다.

수입금액 − 필요경비 = 소득금액
1억 − 9천(단순경비율로 필요경비를 계산 1억×89.7%) = 1천만 원
↓
소득금액 − 소득공제 = 공제된 소득
1천만 원 − 3백만 원 (본인공제, 배우자공제) = 7백만 원
↓
공제된 소득 × 세율 = 세액
700만×6% = 42만 원 (대략적인 종합소득세 납부 금액)

작년에 사업자등록을 하였으면 직전년도 매출이 없기에 간편장부 대상자로 되며 추계신고도 가능합니다.

알고 부리는 세무대리인 사용법

몇 가지 가정을 하여 정확한 금액은 아니지만 질문 내용처럼 터무니없는 금액도 아닙니다.

그런데 상담하러 간 회계사무실에선 왜 터무니없이 높은 금액을 얘기하였을까요? 질문을 하는 유형으로 상대의 세무 지식은 판별이 가능합니다. 질문자의 세무지식은 거의 전무하기에 아무렇게나 불러도 확인을 할 방법이 없는 것을 알기에 터무니없는 금액으로 겁을 팍 주는 겁니다. 그러면서 이렇게 말을 하죠. '지금이라도 우리에게 기장을 맡기세요. 최대한 줄여 볼 게요'

조금만 공부하면 부가가치세나 종합소득세는 얼마든지 직접 계산이 가능합니다.

세금 신고 전 검증은 필수입니다

 초보 사장님

세무사 사무실에 맡겨도 사장님들이 한 번 더 빠진 품목 없는지 확인하시죠? 이번에 신고하려고 보니까 신고 된 금액만 딸랑 왔길 래 세부내역 보내달라고 했는데도 우리 세무사 사무실은 조용하네요.

 택스 코디

회계사무실을 거래하면 신고 전 관련 증빙들을 요구합니다. 예전에는 영수증 뭉치를 서류봉투에 담아서 몇 권을 주기도 하였는데, 요즘은 세상이 편해져서 공인인증서를 공유하면 전자세금계산서, 전자계산서, 신용카드, 현금영수증 등의 매입은 자동으로 홈택스에서 불러오기가 가능합니다. 그런 이유로 제출할 서류가 어떻게 보면 수기로 발행된 세금계산서 밖에 없을 듯합니다. 수기세금계산서 또한 사진을 찍어 카톡으로 보내주면 되니 어떻게 보면 제출할 서류가 없을 수도 있겠습니다. 세무 상식이 조금 있는 사장님들은 당연히 홈택스에 등록한 신용카드는 관련한 지출만을 하였을 것 입니다.

세무대리인을 고용 중이더라도 공제, 불공제는 체크해봐야 합니다. 만약 사업에 관련한 지출이 불공제 되어있다면 왜 불공제가 되어있는지 알아보아야 합니다. 먼저 사업자 본인이 관련 증빙을 체크하고, 세무대리인이 위의 경우처럼 신고 금액만 보내준다면 세부내역을 보내 달라고 하여 확인하는 작업은 필수입니다. 믿고 못 믿고의 문제가 아닙니다. 사람이기에 누구나 다 실수를 한다는 것입니다. 그 실수가 고스란히 세금으로 돌아옵니다. 아무리 전문가가 대리 신고를 하였더라도 세부내역을 확인하여 검증 작업을 하는 습관을 들여야 비싼 돈 주고 고용한 그들을 잘 부리게 되는 것입니다.

증 빙 을

잘 하는 것이

절 세 다

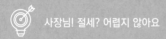사장님! 절세? 어렵지 않아요

[권말부록]

개인사업자의
세무조사

세무조사란?

세무 조사란 각 세법의 질문조사권, 질문검사권 또는 심문,압수,수색권에 의하여 납세자나 관련인을 상대로 장부, 증빙서류, 물건을 기초로 질문하고 장부, 서류, 기타물건을 검사, 확인하는 행정 행위를 말합니다.

[세무조사의 사전통지]

모든 세무조사는 조사 개시 전 10일 이전에 통지하여야 한다.
그러나, 조세범칙조사는 통지 없이 세무조사가 가능하다.

[세무조사의 연기]

천재지변, 화재, 그 밖의 재해로 심각한 어려움이 있거나 납세자 또는 납세관리인의 질병, 장기출장 등으로 세무조사가 곤란하다고 판단될 때, 장부/증빙서류가 권한 있는 기관에 영치된 경우 세무조사를 연기할 수 있다.

사장님! 절세? 어렵지 않아요

자영업자 세무조사는 사전 통보가 원칙이고, 충분한 소명 기회가 법적으로 보장되니 만일 조사를 받더라도 이를 잘 활용하여 전문가의 도움을 받는 것을 권장드립니다.

세무조사가 진행중이더라도 알아야 할 기본 상식들이 있습니다.

1 납세자의 권익 보호

2 조력을 받을 권리

조사를 받으면서도 세무사 등 전문가로부터 조사에 대한 조력을 받을 권리가 있다.

3 질문 조사권의 행사제한

조사공무원은 질문조사권을 필요한 범위 내에서만 해야 한다.

4 조사권 남용금지

조사공무원은 최소한의 범위 내에서만 하여야한다.

5 조사 기간의 제한

일과시간 내에 실시함이 원칙이나, 야간영업 업소나 주말영업 업소는 야간이나 주말에도 할 수 있다.

6 조사대상과 과세기간의 준수

범칙조사로 전환되는 경우를 제외하고 조사대상과세기간을 준수해야 한다.

177

7 납세자의 소명 기회

조사공무원은 납세자에게 충분한 소명의 기회를 부여해야 한다.

8 금융거래 및 현지 확인 및 거래처 현지 확인의 제한

금융거래 현지 확인 조사나 거래처 현지 확인은 지방국세청장이나 해당관서장의 승인을 받아야만 착수할 수 있다.

 초보 사장님

이런 세무조사를 대비하기 위하여 알아야 될 상식이 있나요?

 택스 코디

물론입니다. 다음 페이지에 자세히 설명드릴께요.

[세무 관리 및 신고 시 유의사항]

1 불성실 세금계산서 및 계산서를 받지 않아야 한다. 실물거래 없이 발행하거나 수취한 세금계산서나 계산서 또는 사실과 다르게 발행 및 수취한 세금계산서 및 계산서로 조사대상이 될 수 있다.

(범칙조사대상으로 사직당국에 고발될 수 있다.)

2 세금계산서나 계산서를 발행한 거래나 신용카드를 통한 매출액은 반드시 신고한다. 거래 상대방의 신고로 사후에 매출누락 사실이 발견되면 세무조사를 받을 수 있다.

3 동종 업계의 평균 수치에도 신경을 쓴다.
(신장율, 부가가치율, 신용카드비율, 신고소득율)

위에 열거한 사례들은 단순히 교과서적인 내용들 입니다. 특히 마지막 동종업계의 평균은 단지 평균일 뿐입니다. 사업이 잘 될 수도 있고, 안 될 수도 있는데… 굳이 동종업계 평균에 맞출 필요가 있을까요??? 고의적인 탈세의 목적이 아니라면 너무 신경쓰지 않아도 됩니다.

 초보 사장님

세무대리인을 쓰면 세무조사가 나오지않나요?

 택스 코디

종종 이러한 질문을 듣는데요. 답은 아닙니다.

세무대리인을 고용중이더라도 아래 네가지 경우에는 세무조사가 나올 수도 있으니 참고하세요.

1. 드러난 매출의 축소신고
2. 불공제 매입의 매입공제
3. 연속적인 부가세의 환급
4. 간이과세 유지를 위한 목적으로 폐업 후 지인명의로 다시 사업자등록을 하는 경우

위 경우에 해당이 되어 설령 세무조사가 나오더라도, 우편물로 소명통지서(?) 형태로 나오기에 세무조사에 대한 막연한 두려움은 떨쳐버리세요.

1번은 거의 100% 나오고, 3번, 4번은 관심있게 지켜보는 부분이니 안 하는 것이 낫습니다.

2번의 경우는 조금 복불복 입니다.

가공 세금계산서
(자료를 팝니다)

 초보 사장님

제가 가입한 인터넷 자영업자 카페에 '매입자료(세금계산서)를 판다는 글'이 자주 게시됩니다.

택스 코디

자료를 판다는 업체, 흔히 자료상으로 부터 가공 세금계산서를 사는것은 추천할 만한 일이 아닙니다. 매입자료가 늘 부족한 건 당연하지만, 자료상으로부터 매입자료를 사는것은 추 후 문제가 됩니다.

가공세금계산서를 샀다가 적발 되었을 때 얼마 만큼의 가산세를 물어야 하는지 계산해 볼까요?

공급가액이 1,000만원인 가공세금계산서를 샀다가, 1년 후에 적발되었다는 전제하에 계산해 보겠습니다.

□ **부가세수정신고**

(공급가액의 10%) - 1,000만원×10% = 100만 원

□ **가공 세금계산서수취 가산세**

(공급가액의 3%) - 1.0000만원×3% = 30만 원

□ **부당과소 신고 가산세**

(해당세액의 40%) - 100만원×40% = 40만 원

□ **납부불성실 가산세**

(미납세액×미납일수×3/10,0000) - 100만원
× 365×3/10,0000 = 10만9,500원

모든 가산세를 다 더해보면 무려 1,809,500원을 내야 합니다. 여기에 추가로 종합소득세 관련해서도 가산세를 물어야 합니다. 가공세금계산서가 적발되면 굉장한 부담으로 다가옵니다.

 초보 사장님

정말 조심해야 겠네요. 혹 때러 갔다 혹 붙이고 오는 겪이네요.

매입세금계산서의 소명 요청

도매업을 하는 최사장은 관할 세무서로부터 3년 전의 제 1기 부가가치세 신고시 제출한 매입세금계산서 거래에 대한 소명을 요구 받았습니다.

관할 세무서에서는 해당 거래와 관련하여 거래 명세표, 대금 지불내역, 기타 증빙을 요구 했습니다.

그런데 왜 이런 일이 발생하였을까요?

상대 사업자가 그 거래에 대하여 매출 신고를 하지 않았기 때문입니다.

부가가치세는 동일한 거래에 대하여 매입자, 매출자 동시에 신고가 이루어 지므로, 어느 한쪽이 신고 누락을 하면 바로 확인이 가능합니다.

최사장은 어떻게 소명을 해야 할까요?

실제 거래를 입증하는데 가장 효과적인 소명 방법은 상대사업자의 계좌로 해당 금액을 이체하는 것입니다.

문제는 현금을 주고 받았을 때 입니다. 현금거래는 추가적인 소명용증빙없이는 소명의 증빙으로 인정이 되지 않습니다.

만약 현금으로 거래를 하였다면, 실제 거래를 입증할 수 있는 매입장부의 기록, 거래명세표, 택배영수증 등의 추가 소명 자료가 필수 입니다.

소명용증빙은 증빙이 많으면 많을수록 쉽게 인정이 됩니다.

사장님! 절세? 어렵지 않아요

담당조사관 대처요령

사람이 하는 일은 기본적으로 실수를 할 여지가 분명히 존재합니다. 고의적인 탈세 목적이 아니더라도 실수에 의한 매출의 누락, 불공제 매입의 매입세액공제등으로 세무조사를 받아야 한다면 아래의 요령대로 하시길 바랍니다.

세무조사 시 담당조사관을 적대시하거나 일부러 불친절하게 대할 필요는 없으며, 예의를 갖추어 친절하게 맞이하는 것이 났습니다. 대부분의 경우에는 신고내용이 불성실하여 조사대상에 선정된 것이고, 납세자는 그 스스로 자신의 잘못을 알고 있다는 것 입이다. 이런 경우라면 자신의 잘못을 어느 정도는 스스로 밝히는 것도 하나의 요령이라 생각합니다.

조사관도 사람인지라 고개 숙이고 잘못을 인정하는 자에게는 관용을 베풀지만, 어차피 드러날 일에 대해 계속 부인을 하게 되면 서로가 피곤해지고 조사에 오히려 불리하게 작용할 수도 있습니다. 전자의 경우라면 영세 사업자의 어려움이나 부족한 자금 사정을 감안해 정상 참작까지 바라볼 수 있는 경우도 가끔씩은 존재합니다.

만일 견해 차이가 발생한다면?

견해 차이가 발생하였다면 여러가지 자료와 사례를 들어 진지하게 조사관을 설득해야 합니다. 것이 힘들 경우에는 상급관청의 유권해석을 받아 보자고 결론을 유보한 후 신속하게 법해석이나 사실 판단을 받도록 조치하는것도 좋은 방법입니다.

국세청의 판단 기준

 초보 사장님

사업용 지출임에도 '개인용 지출로 의심받지 않을까?' 라는 생각이드는 경우가 이따금 발생합니다. 국세청은 어떠한 기준으로 개인적인 경비인지 알 수 있을까요?

 택스 코디

경비 지출 항목을 잘 보면 알 수 있습니다.

> **1 일자**
> 경비를 사용한 일자를 확인합니다. 토요일이나 일요일 같은 휴일에 지출한 내역이면 개인적인 지출일 가능성이 높다 판단합니다.

부가세는 반드시 적격증빙이 되어야 매입세액 공제가 가능하고 종소세는 사업적인 지출이 핵심입니다. 하나의 사례를 들어 지출 증빙하는 법을 설명드릴께요.

실제로 사업과 관련해서 경비를 지출했는데 이를 개인 경비로 오해하지 않도록 하기 위해서는 어떻게 할까요?

예를 들어 직원들과의 단합을 위해 펜션으로 워크샵을 갔을 경우에는 직원들과 단체 사진 정도는 찍어두고 당연히 경비를 제출한 펜션을 배경으로 찍어야 겠지요. 날짜가 나와 있는 현수막을 배경으로 하면 가장 좋겠네요.

이것은 나중에 개인적인 지출이 아니라 업무와 관련해서 지출한 비용임을 입증하는 자료(소명용증빙)를 남기기 위함입니다.

업무상 출장이 잦은 사업인 경우에는 출장여비정산서라는 장부를 하나 더 만드는 것을 추천 드립니다.

　단순히 숙소 영수증과 식대 영수증만 있다면 업무와 관련해서 비용을 지출한 것인지, 개인적으로 놀러가서 지출한 것인지 구분할 방법이 없습니다.

자금출처 세무조사

최근 세무교육 중 실제 사례입니다. 최사장은 재래시장에서 장사를 열심히 해서 돈을 많이 벌었습니다. 몇년 뒤 부산에 부동산을 취득했습니다. 그런데 최사장의 대부분의 사업 매출은 현금이었기 때문에 매출을 조금만 신고하고 부가세와 소득세를 줄일 수 있었습니다. 그런데 부동산을 취득한 뒤 세무서에서 자금의 출처를 입증하라는 자금 출처조사가 나왔습니다.

현금 매출, 즉 숨겨진 매출을 '신고를 해야하나? 말아야하나?'와 연관지어 고민해 봐야 할 사례 입니다.

숨겨진 현금 매출을 축소한 과소신고는 영세자영업자라면 세무조사가 거의 나오지 않습니다. 쉽게 확인이 어렵기 때문입니다. 그러나, 사업자 본인이 위의 사례와 같이 부동산 같은 재산을 취득한 경우라면 자금 출처조사가 나오는 경우가 많습니다.

세무서 입장에서는 최고의 조건입니다. 사업주 본인명의의 재산이 있으므로 어떻게든 추징할 수가 있으니 말입니다.

위 사례와 같이 부동산 등의 재산을 취득할 경우라면 숨겨진 매출을 오히려 적극적으로 신고하여 세금을 많이 내는 것이 나을 수가 있습니다.

 초보 사장님

개인사업자가 소득을 증명할 수 있는 자료는 무엇인가요?

 택스 코디

보통 대출을 받을 때 금융기관에서 요구하는 자료가 담보입니다. 하지만, 마땅한 담보가 없을 경우에는 본인의 소득을 증명할 자료를 요구합니다. 그러한 자료로 사업자등록증이 있는 개인사업자는 소득금액증명원, 납세증명원, 부가가치세 과세표준증명원이 해당됩니다.

소득금액증명원이란 종합소득세 신고를 한 소득금액을 보여주는 것 입니다.

납세증명원은 체납된 세금이 있는지를 보여주는 것 입니다.

부가가치세 과세표준증명원은 부가세 신고를 통해서 신고된 매출액을 표시해주는 증명서입니다.

부동산이나 주식 등 재산적 가치가 있는 무엇을 취득했을때 세무서로부터 자금출처조사를 받는 경우가 있습니다. 세무서에서는 자금출처조사를 하기 전에 전산에 등록된 세금 신고 내역을 조회합니다. 요즘은 계좌내역의 실질적인 현금흐름을 중심으로 파악하기도 하지만, 종합소득세 신고내역이 자금출처의 소명자료로 인정되기도 합니다.

부동산은 거래금액이 고가이기 때문에, 증여가 의심되는 경우에는 국세청으로부터 부동산 취득자금에 대해 자금출처 세무조사를 받게 됩니다. 이 때 자금의 출처를 명확하게 제시하지 못하면 증여세를 내야 하므로 이에 대비해야 합니다.

세무서에서 직접적인 조사를 하는 것은 아니고, 부동산을 취득한 자금의 출처를 입증하는 것으로 서면으로 입증하면 됩니다.
부동산을 취득한 모든 사람에게 자금출처조사를 하는 것은 아닙니다.
세대주인 경우에는 30세 이상인 자는 2억원, 40세 이상인 자는

4억원(세대주가 아닌 경우에는 30세 이상인 자는 1억원, 40세 이상인 자는 2억원)이라는 기준 금액을 초과하는 경우에는 소명자료 제출을 요구합니다.

자금의 출처로 인정받아 제출할 수 있는 서류는 아래와 같습니다.

소득세 납세증명서, 융자나 남의 돈을 빌린 경우에는 부채증명서, 다른 재산을 처분한 경우에는 매매계약서 등 소명자료의 제출을 요구받은 경우에는 15일 이내에 위의 자료들을 제출해야 합니다.

이때 취득한 부동산 금액의 80%만 입증하면 증여세가 과세되지 않습니다.

당신이 개인사업자이고 부동산을 구입 할 예정이라면, 현금 매출을 성실히 신고하여 소득세를 내는 것이 자금출처조사에 의해 증여세를 추징당하는 것보다 유리합니다.

탈세제보

국세청의 가장 직접적이고 확실한 탈세정보획득은 탈세제보입니다. 탈세자의 가까운 주변인으로써 탈세자의 내용을 잘 아는 지인들이 주로 탈세제보를 합니다. 이러한 탈세제보는 포상금제도와 연결돼 탈세정보수집에 많은 역할을 합니다.

실례로 한 개인 병원이 탈세제보로 세무조사를 받았습니다. 해당 병원은 고객으로부터 치료비를 현금으로 받고 그 금액을 여러 개의 차명 계좌로 입금한 사실이 발각되었습니다. 단순히 매출의 누락이 아니라 차명계좌를 사용해 수입금액을 누락시킨 경우 탈세에 해당됩니다.

 초보 사장님

그런데, 그런 제보를 누가 했을까요?

사장님! 절세? 어렵지 않아요

택스 코디

근무태도가 불량하다는 이유로 해고된 간호사였다고 합니다. 그 병원이 차명계좌를 사용한다는 사실을 알고 있던 간호사는 해고된 사실에 불만을 갖고 탈세제보를 하였던 것 입니다.

이렇듯 탈세제보는 전혀 관계없는 제 3자가 아니라 직원, 가까운 지인 등에 의해 이루어 지는 경우가 대다수 입니다.

세금을 더 많이 납부?
경정청구

 초보 사장님

저는 회계사무실에 따로 기장을 맡기는데요. 회계사무실에서 사업자카드를 홈택스에 등록시켜달라고 했는데 깜빡하고 등록하지 않았습니다. 그래서 이번 부가가치세 신고시 500만 원이 넘는 금액이 매입에서 제외됐어요.

회계사무실에서는 종소세때 따로 비용처리 받을 수 있다고 하는데 맞는건가요?

 택스 코디

홈택스에 신용카드등록을 하지 않아도 부가가치세 매입세액공제는 가능합니다.

사장님! 절세? 어렵지 않아요

매입신용카드내역을 고용한 세무대리인에게 제출하면
되는데, 무엇을 제출하는지도 모르니 생긴 결과입니다.

세무대리인 역시나 매입이 빠진 것이 없나 더 체크를 해
야 하는데 이 역시도 잘못입니다.

누구 탓을 하는가가 중요한것이 아니고 세금을 더 많이
납부하였으면 돌려받으면 됩니다.

경정청구를 하면 됩니다.

신고기한 내에 세금신고를 했는데, 과세표준 및 세금이
과다하게 신고된 경우에는, 신고기한 경과 후 5년 이내에
경정청구를 하면 세금을 돌려받을 수 있습니다. 주로 종합
소득세 신고시 부양가족을 누락하는 경우 경정청구를 통해
세금을 돌려받는 경우가 있습니다.

수정신고와 다른점은 과세관청의 확인 과정을 거쳐야 한
다는 것입니다.

또 세무조사 등을 받고 추징을 당했는데, 그중 일부에 대
해 경정청구해야 하는 때에는 90일 기간을 반드시 준수해
야 합니다.

경정청구를 하여서 부가가치세 초과 납부금액을 돌려 받
더라도 종합소득세 필요경비처리는 가능합니다.

저도 세무대리인을 10년 넘게 고용을 했습니다. 세무 관련 궁금증이 생기면 당연히 고용한 세무대리인에게 물어보아야 하는데 그것이 참 쉽지가 않았습니다. 그러다 어쩌다가 용기? 를 내어 물어보면 그가 하는 말을 알아들을 수도 없었습니다. 세무대리인을 고용 중인 사장님들도 세무 공부를 해야 합니다. 그래야 궁금한 것이 생기면 물어보고 그 답을 올바르게 알아들을 수 있습니다.

돈을 주고 고용 중인데 물어보는 것도 눈치가 보일 때가 많습니다. 그들의 구조가 한정된 인력에 많은 거래처를 관리하다보니 한편으로 이해는 갑니다. 그런데 중요한 것은 매월 기장료 안에 상담료도 포함되어 있다는 것입니다. 모르는 것은 당당히 물어보세요. 돈을 주고 고용하는데 그들의 눈치를 볼 필요는 없습니다.

세금은 아는 만큼 줄어듭니다.

요즘 같이 정보가 넘쳐나는 시대에 조금만 관심이 있으면 얼마든지 관련 지식을 쌓을 수 있습니다. 세금 신고하는 달이면 자영업자 카페 게시판에는 세금관련 글들이 넘쳐 납니다. 그러나 신고하는 달에는 문제를 해결할 수가 없습니다. 이유는 과세기간과 신고, 납부 기간이 달라서입니다.

지금이라도 늦지 않았습니다. 세금 공부를 해야 합니다. 세무대리인을 고용하더라도 알고 부려야 절세로 연결이 됩니다.

책을 읽고 나서 궁금증이 조금이라도 풀리셨나요? 말로 설명하는 것은 쉬운데 글로서 설명하기란 참 어렵습니다. 최대한 쉽게 설명하기 위해 노력하였습니다.

다시 강조하지만, 절세는 사장님이 아는 만큼 이루어집니다. 나아가 사장님의 셀프 세금 신고를 응원합니다.

[저자와의 질문 및 무료상담]

메일   guri8353@naver.com
블로그   blog.naver.com/guri8353
카톡(ID)   guri060903

사장님!
절세?
어렵지 않아요

초판발행 | 2019년 07월 20일
2쇄발행 | 2020년 08월 20일
개 정 판 | 2023년 01월 05일

지 은 이 | 최용규
펴 낸 이 | 배수현
표지디자인 | 유재헌
내지디자인 | 박수정
제   작 | 송재호
홍   보 | 배보배

펴 낸 곳 | 가나북스 www.gnbooks.co.kr
출 판 등 록 | 제393-2009-000012호
전   화 | 031) 959-8833
팩   스 | 031) 959-8834

ISBN 979-11-6446-064-9(03320)